Basiswissen Grundschule

Englisch

Bibliografische Information der Deutschen Nationalbibliothek
Die Deutsche Nationalbibliothek verzeichnet diese Publikation in der Deutschen Nationalbibliografie; detaillierte bibliografische Daten sind im Internet über http://dnb.d-nb.de abrufbar.

Bibliographisches Institut GmbH
Mecklenburgische Straße 53, 14197 Berlin

Redaktionelle Leitung: Martin Bergmann, Constanze Schöder
Konzeption und muttersprachliche Beratung: Louise Carleton-Gertsch
Redaktion: Martina Schramm
Herstellung: Ursula Fürst
Layout: Horst Bachmann, Weinheim
Umschlaggestaltung: Designbüro Acker, Brühl
Satz: KCS GmbH, Buchholz
Druck und Bindung: Těšínská tiskárna, Česky Těšín
Printed in Czech Republic

ISBN 978-3-411-73033-9
www.duden.de

Basiswissen Grundschule

Englisch

Nachschlagen und Üben
Klasse 1 bis 4

3., aktualisierte Auflage
von Irene Overlack

mit Illustrationen von Judith Arndt und Sandra Reckers (Eulen)

Dudenverlag
Berlin

Inhaltsverzeichnis

Einführung

Lern- und Arbeitstechniken

Inhaltsverzeichnis

Sprache untersuchen

Inhaltsverzeichnis

Themenwortschatz

Hinweise für Eltern

Vorwort

Liebe Eltern,

Kinder und Jugendliche wachsen heute in einem Europa auf, das durch **sprachliche und kulturelle Vielfalt** geprägt ist. Es wird in vielen Lebensbereichen immer wichtiger, neben der Muttersprache weitere Sprachen zu beherrschen.

Englisch als erste Fremdsprache bereits im frühen Kindesalter einzuführen, hat sich europaweit durchgesetzt. **Ausgehend von Alltagssituationen** bzw. sachkundlichen Themen erfahren die Schülerinnen und Schüler eine fremde Sprache und lernen, handelnd mit ihr umzugehen. **Spielerisches Lernen,** ungehemmtes Sprechen und Imitieren spielen dabei eine große Rolle.

Sprachkenntnisse und interkulturelle Kompetenz als **zentrale Schlüsselqualifikationen** bereiten Ihr Kind auf die Herausforderungen in der Schule, in Studium und Beruf sowie in der Gesellschaft vor.

Englisch in der Grundschule ist ein relativ junges Fach, das mitlerweile Eingang in den Fächerkanon der Primarstufe gefunden hat. Spätestens ab dem 3. Schuljahr wird es in allen Bundesländern unterrichtet.

Ausführliche Informationen zum Englischunterricht in der Grundschule finden Sie auf den Seiten 142 bis 153.

Basiswissen Grundschule Englisch enthält folgende Kapitel:

1. Das Kapitel Lern- und Arbeitstechniken zeigt Ihrem Kind, welche Techniken und Methoden für das persönliche Lernen besonders hilfreich sind.

2. Im Kapitel Sprache untersuchen werden grundlegende grammatische Strukturen dargestellt. Darüber hinaus gibt es einen Überblick über allgemeine Redemittel sowie Redemittel speziell für Unterrichtssituationen (classroom phrases).

3. Das Kapitel Themenwortschatz stellt den englischen Grundwortschatz der Primarstufe in zwei differenzierten Niveaustufen vor (Basiswortschatz / erweiterter Wortschatz).

Die Hinweise für Eltern bieten Informationen, wie der moderne Englischunterricht in der Grundschule durchgeführt wird und wie Sie Ihr Kind beim Lernen der fremden Sprache unterstützen können. Darüber hinaus finden Sie hier eine Übersicht über die im Buch vorgestellten Spiele, Lieder und Reime.

Auf der beigefügten CD-ROM finden Sie 40 Arbeitsblätter mit Lösungsblättern zum Themenwortschatz sowie zahlreiche Spiele, Liedblätter und hilfreiche Zusatzmaterialien. Damit kann Ihr Kind das in der Schule und in diesem Buch erworbene Wissen üben, vertiefen und wiederholen. Alle im Themenwortschatz vorgestellten Wörter und Sätze können auf der CD abgehört werden.

Vorwort

Liebe Schülerin, lieber Schüler,

in diesem Nachschlagewerk findest du alle wichtigen Inhalte des Englischunterrichts in der Grundschule. Diese sind in drei Kapitel eingeteilt. Du erkennst sie an den farbigen Balken:

Lern- und Arbeitstechniken

Sprache untersuchen

Themenwortschatz

Diese drei Kapitel bieten dir Hilfen für den Unterricht und die Hausaufgaben. Sie zeigen dir, wie du die englische Sprache leichter lernen kannst und welchen Wortschatz du am Ende der Grundschulzeit beherrschen solltest.

Die **kluge Eule** gibt dir im gelben Kasten wichtige **Tipps.**

He, she, it – das **-s** muss mit!

Die blauen Kästen stellen dir **Spiele** vor, die du mit deinen Geschwistern oder Freunden spielen kannst.

Spieltipp

Pantomime

Ein Kind stellt eine Sportart pantomimisch dar, die anderen Kinder müssen die Sportart erraten.

Is it tennis?

Is it golf?

Is it …?

Der grüne Kasten mit der Fahne gibt dir **Informationen zum englischsprachigen Ausland.**

In vielen englischsprachigen Ländern sagt man für Ferien holidays, in den USA sagt man aber vacation. Holidays heißen in den USA auch die Feiertage.

Die mit einem Notensymbol gekennzeichneten **Lieder** kannst du dir von der CD-ROM ausdrucken. Frage Eltern, Geschwister oder Lehrer, ob sie das Lied mit dir singen.

In anderen farbigen Kästen findest du kleine **Reime,** die zum jeweiligen Thema passen.

Dieses Zeichen zeigt dir, dass es auf der **CD-ROM** einen Liedtext, ein Spiel oder ein **Arbeitsblatt** zum Üben gibt. Alle Blätter kannst du ausdrucken und dich mithilfe der **Lösungsblätter** selbst korrigieren.
Du findest auf der CD-ROM außerdem einen Bogen zur **Selbsteinschätzung** (Was kann ich schon gut? Was möchte ich noch besser können?).

Fachbegriffe kannst du auf den Seiten 154 und 155 nachschlagen.

Wenn du etwas Bestimmtes suchst, kannst du im **Register** ab Seite 156 die entsprechenden Seitenangaben finden.

Warum lernen wir Englisch?

Englisch ist eine Weltsprache

Englisch wird in vielen Ländern, auf mehreren Kontinenten und in mehreren Kulturkreisen verstanden.

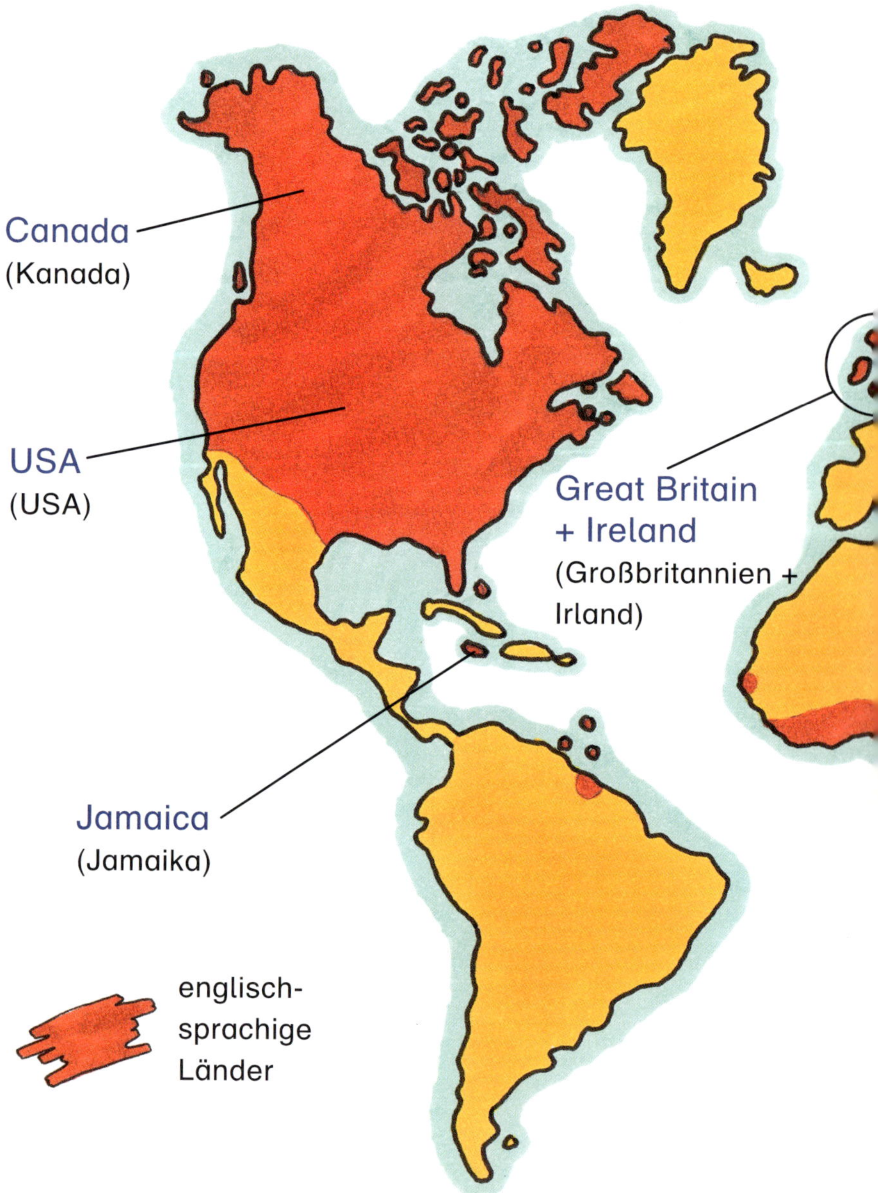

Mehr als 340 Millionen Menschen sprechen Englisch als Muttersprache.

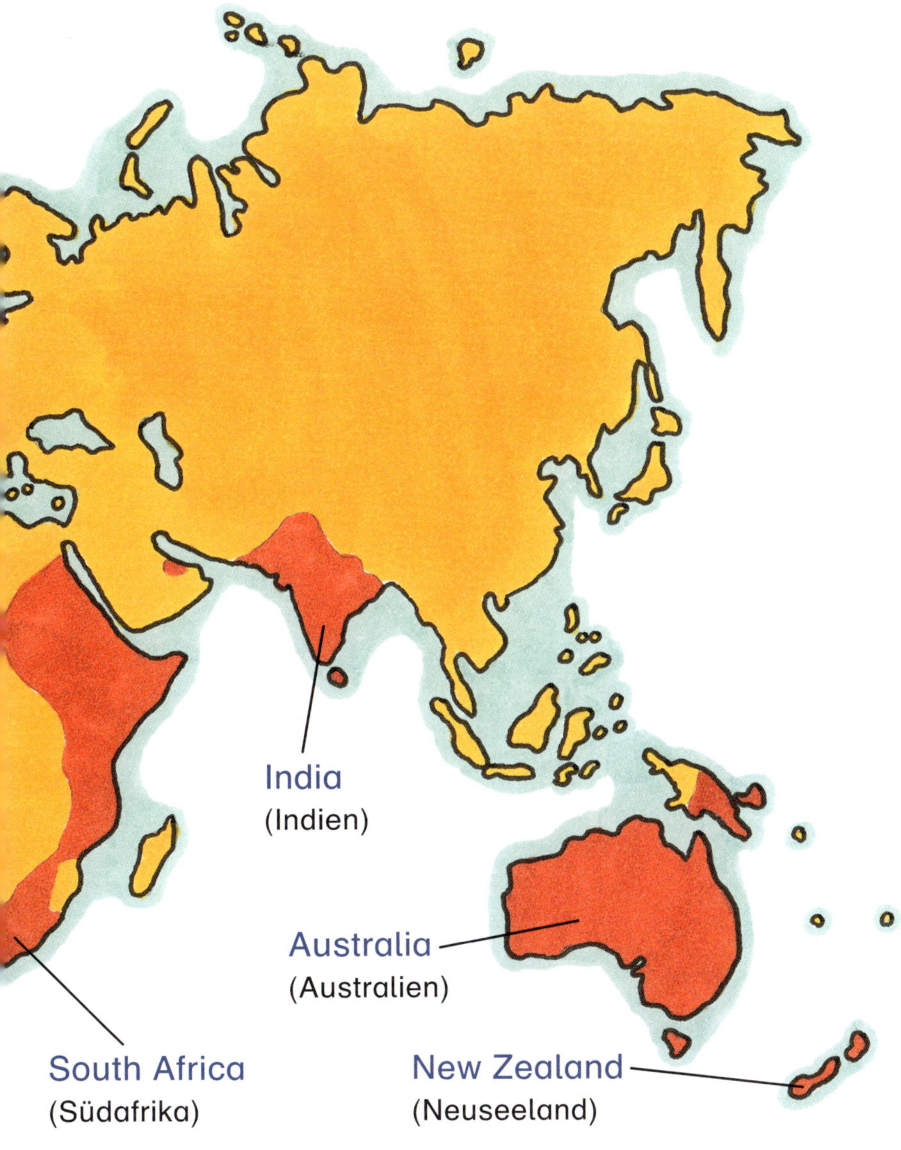

Warum lernen wir Englisch?

Englisch im Alltag

In Deutschland und in vielen anderen Ländern lernen die Menschen **Englisch als Fremdsprache,** um überall auf der Welt in der Freizeit und im Beruf miteinander sprechen zu können.

In der deutschen Sprache gibt es allerdings bereits **viele englische Wörter.** Wir haben uns so an sie gewöhnt, dass wir diese Wörter fast gar nicht mehr als englische Wörter erkennen.

Besonders viele Wörter aus der englischen Sprache gibt es in den folgenden Bereichen:

Essen und Trinken

Toast, Cornflakes, Ketchup, Popcorn, Sandwich

Mode/Kleidung

Pullover, Jeans, T-Shirt, Boots, Sneakers, Sweatshirt

Sport

Tennis, Basketball, Hockey, Walking

Freizeit

Memory, Skateboard, Computer, Gameboy, Keyboard

Im Radio und auf CDs hörst du viele **englische Popsongs,** die du nur verstehen kannst, wenn du englisch sprichst. Auch in der **Werbung** werden häufig englische Wörter und Sätze verwendet.

Wenn du genau hinhörst, merkst du, dass du viele Wörter verstehst, obwohl du sie noch nicht gelernt hast.
Sie klingen so ähnlich wie im Deutschen.

Das Wort red heißt auf Deutsch **rot,**
blue heißt **blau,**
door ist die **Tür** und
cat die **Katze.**

Aber Vorsicht vor false friends („falschen Freunden")!
In der englischen Sprache gibt es Wörter, die sich ähnlich anhören wie deutsche Wörter, **aber einen ganz anderen Sinn haben.**

Das Wort spring bedeutet **Frühling** und nicht **springen.**

Daneben gibt es Wörter, die **sich zwar englisch anhören, es aber nicht sind.**

Handy ist kein englisches Wort.
Ein schnurloses Telefon heißt auf englisch mobile phone.

Also: Augen und Ohren auf für die englische Sprache!
Sie begegnet dir überall und es macht Spaß, sich auf die neue Sprache einzulassen.

Was für ein Lerntyp bist du?

Fremde Sprachen zu lernen macht viel Spaß, ist aber manchmal auch nicht ganz leicht. Für dich ist es wichtig zu wissen, **wie du am besten lernst,** damit du das Gelernte gut behältst und immer wieder anwenden kannst.

Jeder lernt auf unterschiedliche Weise. Beobachte dich beim Lernen und überlege dann, welcher der folgenden Sätze auf dich zutrifft (es können auch zwei oder mehr Sätze sein).

- Ich merke mir Dinge am besten, **wenn ich sie höre** (von meiner Lehrerin, meinen Eltern, meinen Freunden, von einer CD).

- Ich merke mir Dinge am besten, **wenn sie mir jemand vorliest.**

- Ich merke mir Dinge am besten, **wenn ich mir Bilder dabei ansehen kann.**

- Ich merke mir Dinge am besten, **wenn ich mich dabei bewege** (z. B. klatsche, hüpfe, stampfe).

- Ich merke mir Dinge am besten, **wenn ich sie ausprobieren kann.**

Auf den folgenden Seiten erhältst du nützliche Tipps, wie du die englische Sprache noch leichter lernen kannst.

Es gibt viele **Hilfen,** um englische Wörter, Sätze und Redewendungen leichter zu lernen.
Diese Hilfen nennt man **Lern- und Arbeitstechniken.**

Genaues Zuhören kann man lernen

Wer Englisch lernen will, muss vor allem **genau zuhören.** Das klingt einfach, ist es aber nicht immer. Zuhören bedeutet auch, dass du **das Gehörte verstehen und umsetzen** musst. Du wirst schnell merken, dass du viel mehr verstehen als sprechen kannst.

Genau zuhören solltest du bei neuen Wörtern und kurzen Sätzen, bei Liedern und Reimen sowie bei Spielen und kleinen Geschichten.

Genaues Zuhören hilft dir, Wörter und Sätze schnell und richtig nachzusprechen.

Tipps für besseres Zuhören und Verstehen

- Konzentriere dich auf den Sprecher und lass dich nicht ablenken.
- Hör genau zu, denn es gibt Laute in der englischen Sprache, die es im Deutschen nicht gibt.
- Sieh dir gezeigtes Material, z. B. Bildkarten, genau an und versuche dann, das gehörte Wort zu verstehen.

- Schau dir die Körpersprache und den Gesichtsausdruck (Augen, Mund) deiner Lehrerin oder deines Lehrers genau an.
- Achte auf Wörter, die du schon kennst.
- Verbinde bekannte Wörter mit neuen Wörtern.
  Ein Beispiel:
  Du kennst bereits das Wort cat. Neu ist für dich black cat. Schau dir die Bildkarte an und überlege, was vielleicht gemeint ist.

- Viele Wörter sind im Englischen und Deutschen sehr ähnlich. Versuche zu erraten, was sie bedeuten.

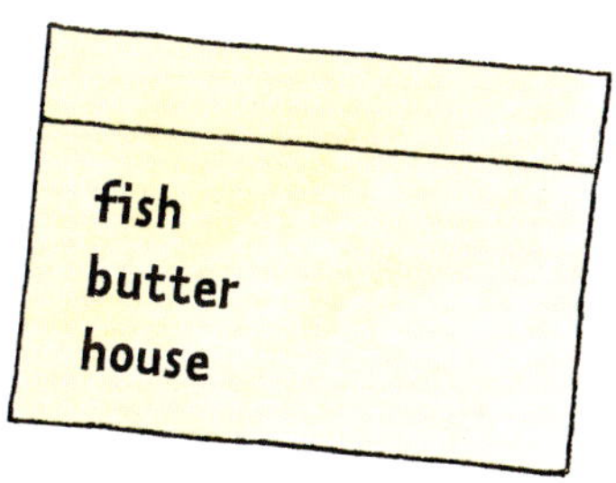

- Frage nach, wenn du etwas nicht verstanden hast.

Anweisungen verstehen und umsetzen

Wenn deine Lehrerin/dein Lehrer dir Anweisungen auf Englisch gibt, erkennt sie/er gleich, ob du alles verstanden hast.

Einige Beispiele:

Sit down, please.
Wenn du diese Aufforderung verstanden hast, setzt du dich.

S. 56–65
classroom phrases

Take out your English book, please.
Nach dieser Aufforderung erwartet deine Lehrerin / dein Lehrer, dass du dein Englischbuch herausnimmst.

Point to the dog, please.
Die Lehrerin / der Lehrer möchte, dass du auf das Bild mit dem Hund zeigst.

Put the pictures into the correct order.
Du wirst aufgefordert, Bilder in die richtige Reihenfolge zu bringen. Deine Lehrerin / dein Lehrer hat dir vielleicht eine englische Geschichte erzählt und nun sollst du passend dazu Bilder legen.

Draw a house. Colour the door brown.
Die Lehrerin / der Lehrer gibt Anweisungen für ein Bild. Du zeichnest oder malst Dinge, die sie / er dir sagt.

Spieltipp

Point to the dog

Zwei Spielpartner schauen sich ein Bild mit möglichst vielen Gegenständen an. Einer nennt verschiedene Gegenstände, der andere zeigt sie im Bild, z. B.:
Point to the door. Point to the sun. Point to the …
Dann wird gewechselt.

Nur keine Hemmungen!

Eine Fremdsprache lernst du wie deine Muttersprache am schnellsten durch eigenes Sprechen. Klar, dass am Anfang noch nicht alles perfekt klingt. Aber je mehr du in der Fremdsprache sprichst, desto besser wirst du.

Tipps und Hilfen

- Ganz wichtig: **Trau dich!** Keine Angst vor einer falschen Aussprache! Deine Lehrerin/dein Lehrer spricht dir das Wort oder den Satz noch einmal langsam vor, wenn du unsicher bist. Und auf der CD zu diesem Buch kannst du dir viele Wörter immer wieder anhören.
- Sprich Wörter zunächst leise – nur für dich – nach.
- Wiederhole die Wörter immer wieder. Sage sie dir ganz oft vor und stelle dir dabei das passende Bild vor.
- Sprich die Wörter und Sätze, die gesagt werden, laut nach.
- Wiederhole, was ein Kind vor dir gesagt hat.

Sprechen

- Lerne Redewendungen, die man im Alltag häufig braucht, auswendig.
- Sprich im Chor mit anderen Kindern zusammen.

S. 75
Lied

- Sprechen oder singen und dabei etwas tun gehören ganz eng zusammen.
  Das Lied Head, shoulders, knees and toes kannst du dir leicht merken, wenn du gleichzeitig beim Singen auf die genannten Körperteile zeigst.

- Lerne Lieder und Reime auswendig.

S. 46–55
Redemittel

- Lerne die kleinen Gespräche, die in Partnerarbeit geführt werden, auswendig. Sieh dir die Gespräche in deinem Englischbuch an. Schau in das Kapitel „Redemittel“ in diesem Buch.

Spiel-tipp

I like …

Dieses Spiel wird wie „Koffer packen“ gespielt. Ein Kind beginnt: I like apples. Das nächste Kind wiederholt den Satz und fügt ein weiteres Nomen hinzu: I like apples and elephants. Natürlich wird der Satz dabei immer länger und es ist gar nicht so einfach, sich alle Wörter zu merken …

Vom Wort zum Text

Am Anfang steht das Hören, Verstehen und Sprechen im Vordergrund. Ab dem 4. Schuljahr solltest du jedoch Wörter und kleine Sätze selbstständig lesen und den Sinn verstehen können. Du solltest auch kleine Anweisungen lesen und diese ausführen können (z. B. Open the window!).

Das hilft dir beim Lesen

- Lies leise mit, wenn deine Lehrerin / dein Lehrer etwas vorliest.
- Versuche immer zuerst, bekannte Wörter im Text wiederzuerkennen.
- Lies zuerst nur Wörter, die du schon viele Male gehört und gesprochen hast.
- Einzelne Wörter merkst du dir beim „Blitzlesen". Dabei hält die Lehrerin / der Lehrer ganz kurz eine Wortkarte hoch und dreht sie dann wieder um.
- Versuche, bekannte Arbeitsanweisungen wiederzuerkennen, zu lesen und umzusetzen.
- Lass dir englische Kinderbücher vorlesen. Beim zweiten Mal kannst du dann versuchen mitzulesen.

S. 153
Büchertipps

Wörter und Sätze schreiben

Sicher musst du dich noch daran gewöhnen, dass die Wörter in der englischen Sprache anders geschrieben als gesprochen werden.

Das hilft dir beim Schreiben

- Betrachte das Wort oder den Satz beim Abschreiben genau.
- Achte besonders auf mögliche Stolperstellen im Wort.

- Schließe deine Augen und stell dir das Wortbild vor.

- Achte auf Wörter, die an der Tafel stehen oder im Klassenraum aufgehängt sind. Dort kannst du nachsehen, wenn du nicht sicher bist, wie ein Wort geschrieben wird.

- Vergleiche das Wort oder den Satz mit der Vorlage und korrigiere deine Fehler.

Was du bald schreiben kannst

Mit der Zeit wirst du bei eigenen Schreibversuchen immer mehr Sicherheit gewinnen. Mit diesen Übungen kannst du zeigen, was du schon schreiben kannst.

- Du schreibst Wörter richtig ab.

- Du löst Kreuzworträtsel mit vorgegebenen Wörtern oder Buchstaben.
- Du findest versteckte Wörter in einem Suchsel (Gitterrätsel).
- Du ergänzt Lückenwörter, z. B. window für w _ _ _ ow.
- Du erkennst Purzel- und Geheimwörter und schreibst sie richtig auf.
- Du beschriftest Bilder und Zeichnungen mit den passenden Wörtern.
- Du schreibst eigene kleine Texte, z. B. Einkaufszettel, einen Wunschzettel an Father Christmas oder kleine Gedichte.

Diese Tipps unterstützen dich beim Lernen

- Nutze viele Gelegenheiten zum **Sprechen** englischer Wörter und Sätze. Sprich die Wörter so oft aus, wie es dir Spaß macht – in der Schule, zu Hause, im Urlaub.

- **Wiederhole** Übungen aus dem Englischbuch zu Hause.

- In **Wörterbüchern** und **Wörterlisten** kannst du Wörter nachschlagen. (Es gibt auch **Bildwörterbücher,** bei denen statt der deutschen Übersetzung ein Bild abgedruckt ist.)

- **Frage andere Kinder und Erwachsene,** wie sie lernen.

- **Erinnerungsstützen** helfen dir, wenn du dir neue und schwierige Wörter einprägen willst. Du kannst z. B. **Wort-Bild-Collagen** herstellen:
  Klebe oder male auf ein großes Blatt ein Bild und schreibe das passende Wort dazu.

blackboard

trousers

- Lege **Karteikarten** an. Auf die Vorderseite malst du ein Tier oder einen Gegenstand oder du klebst dort ein Bild auf. Auf die Rückseite schreibst du das englische Wort.
- Lege **Wörterlisten** zu bestimmten Themen an, z. B. zu Tieren oder Lebensmitteln.
- Lege ein **kleines Heft** an und ordne darin die Wörter nach **Wortfeldern** oder größeren **Themenbereichen.** Hier sind einige Beispiele für Wortfelder:

animals: cat, dog, zebra, pig …
food: apple, milk, lettuce, egg …
school: teacher, folder, pencil, ruler …

- Lege auf einem Blatt oder in einem Heft **Wörternetze** an. Ein Wörternetz stellt **Wörter zu einem Thema** zusammen.
  Hier siehst du ein Beispiel:

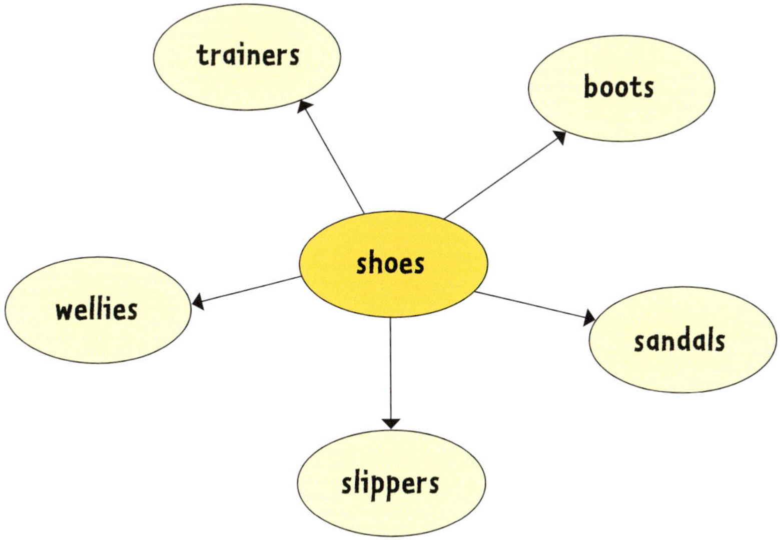

Hilfen nutzen

- Übe regelmäßig jeden Tag eine bestimmte Anzahl Wörter.
  - Sprich die Wörter halblaut.
  - Schau dir jedes Wort genau an.
  - Schließe die Augen und versuche, dir das Wortbild vorzustellen.

  Schau auf die Uhr und **übe ungefähr 10 Minuten.**

- Lerne die englischen Wörter nicht einzeln, sondern am besten **mit einem oder mehreren Wörtern zusammen** oder merke dir einen ganzen Satz.

apples and bananas
long and short

black rabbit
yellow T-shirt

This is a cow.
The elephant is big.

- Mithilfe eines **Sprachmusters** kannst du viele andere Sätze bilden. Hier ist ein Sprachmuster:

Bilde nun Sätze, die ebenso anfangen, füge aber am Ende ein anderes Wort für apples ein, z. B:

I like cats.
I like elephants.

- Führe ein **Lerntagebuch.** Darin schreibst du einmal in der Woche auf,
  - was du gelernt hast,
  - was du schon gewusst hast,
  - was dir besonders viel Spaß gemacht hat,
  - was schwer oder was leicht für dich war,
  - was du noch lernen möchtest,
  - worüber du noch mehr wissen möchtest.

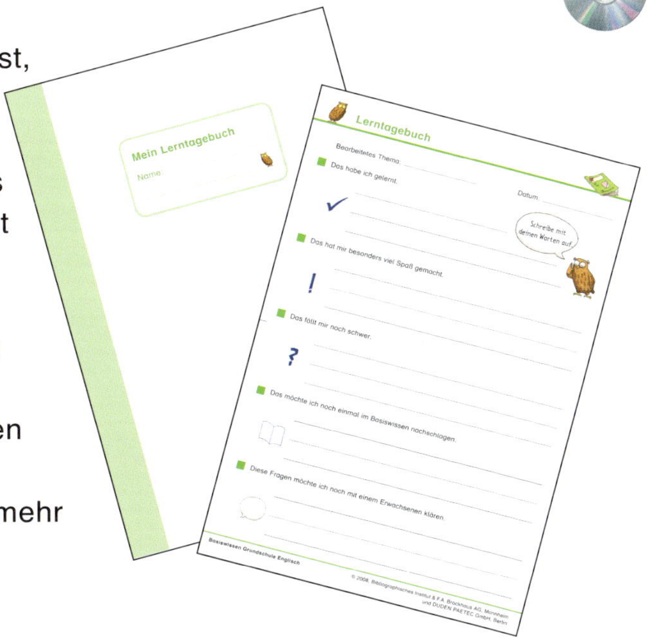

Keine Angst vor unbekannten Wörtern!
Keine Angst vor Fehlern!
Fehler gehören zum Lernen dazu.

Was kann ich schon gut?

Selbsteinschätzung bedeutet, dass du versuchst, deine **Leistungen selber zu beurteilen:** Was kann ich schon gut? Was möchte ich noch besser können? Was klappt noch gar nicht? Die Selbsteinschätzung kannst du mithilfe von Tabellen, wie du sie unten siehst, in regelmäßigen Abständen selbst vornehmen.

Die **Smileys** bedeuten:
- ☺ Das trifft in hohem Maße zu.
- 😐 Das trifft nur teilweise zu.
- ☹ Das trifft gar nicht zu.

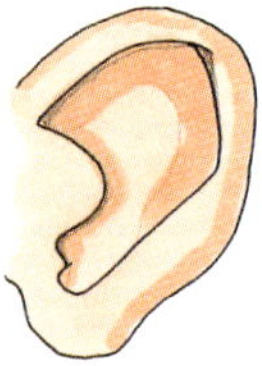

Hören und verstehen	☺	😐	☹
Ich kann hören, wenn jemand englisch spricht.			
Ich höre genau zu, wenn meine Lehrerin/mein Lehrer englisch spricht.			
Ich kann meine Lehrerin/meinen Lehrer verstehen, wenn sie/er passende Bewegungen beim Erzählen macht.			
Ich kann im Unterricht verstehen, wenn ich etwas nachsprechen oder tun soll.			
Ich erkenne bekannte Wörter in einer Geschichte.			
Ich verstehe viele Wörter und Sätze, wenn meine Lehrerin/mein Lehrer die Geschichte wiederholt.			

Hören und verstehen	☺	😐	☹
Ich verstehe die Geschichten, die meine Lehrerin / mein Lehrer erzählt, wenn sie / er Bilder dazu zeigt.			

Derartige Tabellen gibt es auch für die Bereiche **Sprechen, Lesen** und **Schreiben.** Du findest sie auf der beiliegenden CD-ROM.

Drucke die Seiten aus und kreuze an, was auf dich zutrifft.

Mein Portfolio

Ein Portfolio ist ein **Ordner** (oder eine Mappe), in dem du alle Materialien, die du im Englischunterricht bearbeitet oder gebastelt hast, sammelst. Dazu gehören:

- Arbeitsblätter,
- kleine Bastelarbeiten,
- Liedtexte und Reime,
- Selbsteinschätzungsbögen.

Auf der CD-ROM findest du Seiten zum Ausdrucken für **dein persönliches Portfolio.** Fülle sie aus, lege sie in einen Ordner und ergänze alles, was dir beim Englischlernen wichtig ist. Mit dieser Sammlung kannst du zeigen,

- was du schon gelernt hast,
- was dir beim Englischlernen Spaß gemacht hat,
- wie du dich angestrengt hast,
- wie du deine Leistung selbst einschätzt.

Groß- und Kleinschreibung

Anders als in der deutschen Sprache schreibt man in der englischen Sprache nicht nur Verben (Tuwörter, Tunwörter) und Adjektive (Wiewörter) **klein,** sondern **auch Nomen** (Namenwörter, Substantive).

Verben:	to sing, to read, to drink …
Adjektive:	old, happy, green …
Nomen:	pencil, book, apple …

Es gibt aber einige **Ausnahmen,** die im Englischen immer **großgeschrieben** werden:

Namen von Personen

Linda, John, Tina, Kevin

Wochentage und Monate

Monday	Montag
Tuesday	Dienstag
February	Februar
March	März
December	Dezember

Feiertage

Christmas	Weihnachten
New Year	Neujahr
Easter	Ostern

Ländernamen

Germany	Deutschland
Great Britain	Großbritannien
Italy	Italien
Spain	Spanien

Das Pronomen **I** (ich) wird im Englischen **immer großgeschrieben,** auch mitten im Satz:
Can **I** have your book, please?

Artikel (Begleiter)

In der deutschen Sprache gibt es drei bestimmte Artikel: der, die, das. In der englischen Sprache gibt es nur **einen einzigen bestimmten Artikel: the.**

the car	das Auto
the table	der Tisch
the schoolbag	die Schultasche

Auch in der **Mehrzahl** gibt es nur den einen bestimmten Artikel the.

the cars	die Autos
the tables	die Tische
the schoolbags	die Schultaschen

Der **unbestimmte Artikel** (ein / eine) heißt **a**.

a cat	eine Katze
a boy	ein Junge
a table	ein Tisch

Der englische Artikel **a** (ein / eine) wird zu **an,** wenn das nachfolgende Wort mit einem Vokal (Selbstlaut) beginnt.

an apple	ein Apfel
an orange T-shirt	ein orangefarbenes T-Shirt
an exercise book	ein Übungsheft

Nomen in der Mehrzahl (im Plural)

Nomen werden entweder in der Einzahl oder in der Mehrzahl verwendet.

Die **Mehrzahl** wird in der englischen Sprache in der Regel durch ein **angehängtes -s** gebildet.

one car – three car**s**
an apple – some apple**s**
the boy – the boy**s**

Bei manchen Nomen, die mit einem Vokal (Selbstlaut) enden, wird in der Mehrzahl vor dem **-s** noch ein **e** eingefügt.

one potato – three potato**es**
the tomato – some tomato**es**

Es gibt aber einige **Ausnahmen:** Nomen, deren **Mehrzahlform unregelmäßig** gebildet wird.

the tooth – ten teeth
one foot – two feet
a sheep – some sheep
one fish – eleven fish
the child – the children
the man – the men
the woman – the women
the mouse – the mice

Die unregelmäßigen Mehrzahlformen muss man auswendig lernen.

Pronomen (Fürwörter)

Statt ein Nomen in einem Text immer zu wiederholen, kann man im Englischen wie im Deutschen Pronomen verwenden. **Personalpronomen** (persönliche Fürwörter) ersetzen eine oder mehrere Personen oder Dinge.

Einzahl

1. Person	I	ich
2. Person	you	du
3. Person	he	er
	she	sie
	it	es

Mehrzahl

1. Person	we	wir
2. Person	you	ihr
3. Person	they	sie

In der englischen Sprache wird die **Anrede du/ihr** und **Sie** nicht unterschieden. Für du, ihr und Sie heißt es immer **you.**

I scream,
You scream,
We all scream
For ice cream.

Andere Pronomen ersetzen einen Namen und zeigen an, wem etwas gehört.

This is Ann's book. ⟶ This is **her** book.

This is Peter's pen. ⟶ This is **his** pen.

Achte auf den **Apostroph** (das Auslassungszeichen), wenn es z. B. heißt:
This is **Kevin's** ball.
Im Deutschen schreiben wir keinen Apostroph:
Das ist **Kevins** Ball.

Die **besitzanzeigenden Pronomen** lauten:

Einzahl

1. Person	my	mein
2. Person	your	dein
3. Person	his	sein
	her	ihr
	its	sein

Mehrzahl

1. Person	our	unser
2. Person	your	euer
3. Person	their	ihr

Verben (Tuwörter, Tunwörter)

In der Gegenwart haben englische Verben nur eine Form, an die allerdings in der **3. Person Einzahl** ein **-s** angehängt wird.

Einzahl

1. Person	I drink	ich trinke
2. Person	you drink	du trinkst
3. Person	he drink**s**	er trinkt
	she drink**s**	sie trinkt
	it drink**s**	es trinkt

Mehrzahl

1. Person	we drink	wir trinken
2. Person	you drink	ihr trinkt
3. Person	they drink	sie trinken

He, she, it – das **-s** muss mit!

Peter like**s** books.	Peter mag Bücher.
Anne love**s** Peter.	Anne liebt Peter.
Jill hate**s** fish.	Jill hasst Fisch.

Wenn das Verb auf dem Vokal **o** endet, wird ein **-es** angehängt, z. B.:
John go**es** to school.
Lilly do**es** her homework.

Verhältniswörter (Präpositionen)

Verhältniswörter geben an, wo sich jemand oder etwas befindet.
Dies sind wichtige englische Verhältniswörter:

in

in front of
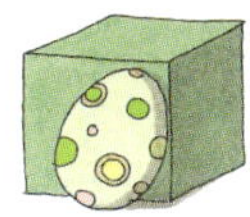

behind
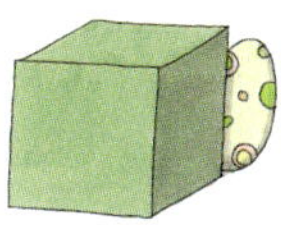

next to

under

between
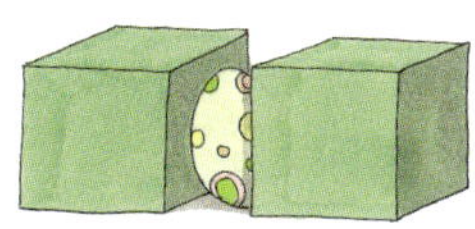

on

The egg is **in** the box.	Das Ei ist in der Kiste.
The egg is **behind** the box.	Das Ei ist hinter der Kiste.
The egg is **under** the box.	Das Ei ist unter der Kiste.
The egg is **on** the box.	Das Ei ist auf der Kiste.
The egg is **in front of** the box.	Das Ei ist vor der Kiste.
The egg is **next to** the box.	Das Ei ist neben der Kiste.
The egg is **between** two boxes.	Das Ei ist zwischen zwei Kisten.

Aussagesätze

Der englische Aussagesatz ist immer nach demselben Muster aufgebaut:

Subjekt (Satzgegenstand)	**Prädikat** (Satzkern)	**Objekt** (Ergänzung)
⇩	⇩	⇩
Anne	loves	chocolate.
Tim	is making	a cake.

Weitere Beispiele:

The apple is red.	Der Apfel ist rot.
The cat is in the kitchen.	Die Katze ist in der Küche.
I live in Germany.	Ich lebe in Deutschland.
Sally likes elephants.	Sally mag Elefanten.

Anders als im Deutschen darfst du die Stellung der Satzglieder im Englischen nicht einfach umstellen.

Aufforderungssätze

In einem Aufforderungssatz wird eine Anweisung gegeben, die jemand ausführen soll. Da in der englischen Sprache du / ihr und Sie nicht unterschieden werden, gibt es **nur eine Befehlsform,** die im Deutschen zwei Bedeutungen haben kann.

Leave me alone!	Lass mich in Ruhe! Lasst mich in Ruhe!
Point to the window, please!	Zeig bitte zum Fenster! Zeigt bitte zum Fenster!
Go to the door, please!	Geh bitte zur Tür! Geht bitte zur Tür!
Come to the blackboard!	Komm zur Tafel! Kommt zur Tafel!

Nach Aufforderungen, die besonders beachtet werden sollen, oder wenn etwas gerufen wird, steht ein **Ausrufezeichen.**

Teddy bear
Teddy bear, teddy bear, turn around!
Teddy bear, teddy bear, touch the ground!
Teddy bear, teddy bear, show your shoe!
Teddy bear, teddy bear, that will do!
Teddy bear, teddy bear, go to bed!
Teddy bear, teddy bear, rest your head!
Teddy bear, teddy bear, turn out the light!
Teddy bear, teddy bear, say good night!

Fragesätze und Fragewörter

Wie im Deutschen gibt es in der englischen Sprache **Fragesätze,** die mit **Fragewörtern** beginnen.

Who is this?	Wer ist das?
What is this?	Was ist das?
Where is the dog?	Wo ist der Hund?
When is your birthday?	Wann ist dein Geburtstag?
How are you?	Wie geht es dir?
How much are the lemons?	Wie teuer sind die Zitronen?
How many apples are there in the basket?	Wie viele Äpfel liegen in dem Korb?

How much is that doggie ...

How much is that doggie in the window?
The one with the waggly tail.
How much is that doggie in the window?
I do hope that doggie's for sale.

Kurzformen und Verneinungen

In Gesprächen werden in der englischen Sprache häufig **Kurzformen** verwendet, z. B.:

I'm	→	I am	ich bin
I've	→	I have	ich habe
she'd	→	she would	sie würde
		she had	sie hatte
let's	→	let us	lass uns / lasst uns (etwas tun)

Um einen englischen **Satz zu verneinen,** verwendet man das Wort **not** (nicht).

This is **not** my brother.	Das ist nicht mein Bruder.

Kurzformen der Verneinung lauten z. B.:

isn't	→	is not	This **isn't** my brother.
aren't	→	are not	They **aren't** in Italy.
haven't	→	have not	We **haven't** got a car.
hasn't	→	has not	She **hasn't** got a car.
don't	→	do not	They **don't** like fish.
doesn't	→	does not	She **doesn't** like fish.
can't	→	cannot	She **can't** speak.

Entscheidungsfragen mit Kurzantworten

Auf viele Fragen antworten wir nur mit **ja** oder **nein.** Das gilt in englischsprachigen Ländern als unhöflich. Die Antworten beginnen zwar mit **yes** oder **no,** haben aber oft noch einen Zusatz.

Man muss sich eine Frage genau anhören. Das erste Wort in der Frage benutzt man auch in der Antwort.

Have you got a sister?	Hast du eine Schwester?
Yes, I have.	Ja.
No, I haven't.	Nein.
Has Anne got a brother?	Hat Anne einen Bruder?
Yes, she has.	Ja.
No, she hasn't.	Nein.
Can you dance?	Kannst du tanzen?
Yes, I can.	Ja.
No, I can't.	Nein.
Can Peter play football?	Kann Peter Fußball spielen?
Yes, he can.	Ja.
No, he can't.	Nein.

Do you like ballet?	Magst du Ballett?
Yes, I do.	Ja.
No, I don't.	Nein.
Does Anne ride?	Reitet Anne?
Yes, she does.	Ja.
No, she doesn't.	Nein.
Are you hungry?	Bist du hungrig?
Yes, I am.	Ja.
No, I'm not.	Nein.

What can you do?
Can you touch your nose?
Yes, I can.
Can you stand on your toes?
Yes, I can.
Can you play the guitar?
No, I can't.
Can you drive a car?
No, I can't.
Can you climb the trees?
Yes, I can.
Can you walk on your knees?
Yes, I can.

Can or can't, I don't mind.
You're my friend, nice and kind.

Redemittel

Allgemeine Redemittel

In jeder Sprache gibt es bestimmte Redewendungen (Redemittel), die man kennen muss, um sich in bestimmten Situationen mit jemandem unterhalten zu können. Man unterscheidet zwischen **allgemeinen Redemitteln** im Alltag und speziellen Redemitteln, die im Unterricht zu hören sind **(classroom phrases)**.

Die wichtigsten englischen Redewendungen sollte man auswendig kennen.

Das englische Anredepronomen **you** kann **du, ihr** oder auch **Sie** bedeuten. Daher sind bei den Redemitteln immer mehrere Übersetzungen möglich. In der folgenden Auflistung wird der Einfachheit halber in der Regel nur eine mögliche Übersetzung angeboten.

Sich begrüßen

Hello!	Hallo!
Good morning!	Guten Morgen!
Good afternoon!	Guten Tag!
Good evening!	Guten Abend!

Sich verabschieden

Goodbye!	Auf Wiedersehen!
Bye-bye!	Tschüss!
See you!	Bis bald!
Good night!	Gute Nacht!

Sich vorstellen

I'm Anne.	Ich bin Anne.
My name is Peter.	Ich heiße Peter.
Hello, I'm Peter.	Hallo, ich bin Peter.
Hello, I'm Anne.	Hallo, ich bin Anne.

Spiel-tipp

Saying hello

Alle Kinder gehen zur Musik durch den Raum. Wenn die Musik aufhört, begrüßen sich jeweils zwei Kinder und stellen sich einander vor.

Hello, I'm Peter.	Oder:	Hello, my name is Peter.
Hello, I'm Anne.	Oder:	Hello, my name is Anne.

Alter und Wohnort angeben

I'm ten.	Ich bin zehn Jahre alt.
I live in Mannheim.	Ich wohne in Mannheim.

Seine Nationalität nennen

I'm German.	Ich bin Deutsche / Deutscher.

Seinen Geburtstag angeben

My birthday is in March.	Mein Geburtstag ist im März.

Redemittel

Sein Hobby nennen

My hobby is swimming.	Mein Hobby ist Schwimmen.

Jemanden oder etwas vorstellen und danach fragen

This is my mother.	Das ist meine Mutter.
This is my father.	Das ist mein Vater.
This is my brother.	Das ist mein Bruder.
This is my sister.	Das ist meine Schwester.
This is my dog.	Das ist mein Hund.
I've got one sister and two brothers.	Ich habe eine Schwester und zwei Brüder.
I haven't got any brothers or sisters.	Ich habe keine Geschwister.

Who is this?	Wer ist das?
Is this your grandfather?	Ist das dein Großvater?

My family

This is my father, this is my mother.
This is my sister, this is my brother.
Father, mother, sister, brother and me.
Oh, what a big family!

Nach einem Namen fragen

What's your name?	Wie heißt du? Wie heißen Sie?
What's his name?	Wie heißt er?
What's her name?	Wie heißt sie?

Nach dem Alter fragen

How old are you?	Wie alt bist du?
How old is Peter?	Wie alt ist Peter?

Nach dem Wohnort fragen

Where are you from?	Woher kommst du?
Where is Susan from?	Woher kommt Susan?

Nach der Nationalität fragen

Are you English?	Bist du Engländer/Engländerin?
Is Peter English?	Ist Peter Engländer?

Nach dem Hobby fragen

What are your hobbies?	Was sind deine Hobbys?
What are Susan's hobbies?	Was sind Susans Hobbys?

Redemittel

Nach den Geschwistern fragen

Have you got any brothers or sisters?	Hast du Geschwister?
Has Peter got any brothers or sisters?	Hat Peter Geschwister?

Nach der Telefonnummer fragen

What's your telephone number?	Wie lautet deine Telefonnummer?

Jemanden ansprechen

Excuse me, please.	Entschuldigen Sie, bitte.
Can you help me, please?	Können Sie mir bitte helfen?

Eine Bezeichnung erfragen und darauf antworten

What's this in English?	Wie heißt das auf Englisch?
It's a car.	Das ist ein Auto.

Jemanden nach seinem Befinden fragen

How are you?	Wie geht es dir?
Are you hungry?	Hast du Hunger?

Gefühle und das eigene Befinden ausdrücken

I'm fine, thank you.	Danke, mir geht es gut.
I'm happy / sad.	Ich bin glücklich / traurig.
He is angry.	Er ist ärgerlich.
I'm cold / hot.	Mir ist kalt / heiß.
I'm hungry / thirsty.	Ich bin hungrig / durstig.

Sich entschuldigen

Sorry	Entschuldigung
I'm sorry.	Es tut mir leid.

Zustimmen oder etwas ablehnen

OK / okay	O.K. / in Ordnung
Good	Gut
That's good.	Das ist gut.
I think that's good.	Ich finde, das ist gut.
I like that.	Ich mag das.
Yes, please.	Ja, bitte.
No, thanks.	Nein, danke.
Sorry, I don't like that.	Es tut mir leid, ich mag das nicht.

Redemittel

Anerkennen und bewundern

That's right.	Das ist richtig.
Well done!	Gut gemacht!
Super!	Super!
Great!	Großartig!

Um etwas bitten und sich bedanken

Can I have an apple, please?	Kann ich bitte einen Apfel bekommen?
Thank you.	Danke.
Thank you very much.	Vielen Dank.
You're welcome.	Keine Ursache.

Jemandem etwas geben

This is for you.	Das ist für dich.
Here you are.	Bitte sehr.

Etwas nicht verstehen

Pardon?	Wie bitte?
I don't understand.	Ich verstehe (das) nicht.
Can you say that again, please?	Kannst du das bitte noch einmal sagen?
I don't know.	Ich weiß (es) nicht.

Vorlieben und Abneigung ausdrücken

I like bananas.	Ich mag Bananen.
I love tomatoes.	Ich liebe Tomaten.
I don't like apples.	Ich mag keine Äpfel.
I don't want an apple.	Ich möchte keinen Apfel.
I hate apples.	Ich hasse Äpfel.

I like apples
I like apples, yes, I do.
I like apples, yes, I do.
I like apples.
What about you?

Jemanden fragen, ob er etwas mag

Do you like bananas?	Magst du Bananen?
Yes, I do.	Ja.
No, I don't.	Nein.

Wünsche äußern

I'd like to go swimming.	Ich würde gern schwimmen gehen.
I want to ride my bicycle.	Ich möchte Fahrrad fahren.

Redemittel

Um Erlaubnis bitten und darauf reagieren

Can I have a pencil, please?	Kann ich bitte einen Bleistift haben?
Can I have an apple?	Kann ich einen Apfel bekommen?
Yes, you can.	Ja, das kannst du.
No, you can't.	Nein, das kannst du nicht.

Jemandem etwas wünschen

Have a nice day!	Einen schönen Tag!
Have a good trip!	Gute Reise!
Happy birthday!	Herzlichen Glückwunsch zum Geburtstag!

Happy birthday to you

Happy birthday to you.
Happy birthday to you.
Happy birthday, dear Laura,
Happy birthday to you.

Merry Christmas!	Frohe Weihnachten!
Happy New Year!	Frohes neues Jahr!
Happy Easter!	Frohe Ostern!

Einen Vorschlag machen

Let's sing a song!	Lasst uns ein Lied singen!
Let's go!	Lass uns gehen!
Can we play tennis?	Können wir Tennis spielen?
Shall we go swimming?	Sollen wir schwimmen gehen?

Können ausdrücken

I can ride a bicycle.	Ich kann Fahrrad fahren.
I can't swim.	Ich kann nicht schwimmen.

Besitz angeben und erfragen

I've got three bags.	Ich habe drei Taschen.
I've got new jeans.	Ich habe neue Jeans.
Have you got a pet?	Hast du ein Haustier?

What have you got?
Have you got a hamster?
Have you got a bat?
Have you got a rabbit?
Have you got a rat?
No, no, no!
But I've got a cat.

Classroom phrases

Im Englischunterricht gibt die Lehrerin oder der Lehrer viele **Anweisungen und Hilfen.** Hier ist ein Überblick über die wichtigsten **classroom phrases.**

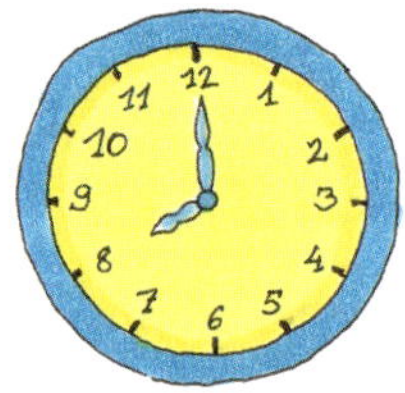

Beginn des Unterrichts

Good morning, children.	Guten Morgen, Kinder.
How are you today?	Wie geht es euch heute?
Who's missing today?	Wer fehlt heute?
Let's start with a song!	Lasst uns mit einem Lied beginnen!

Good morning to you 

Good morning, good morning, good morning to you.
Good morning, good morning and how are you?

Allgemeine Arbeitsanweisungen

Sit down, please.	Bitte setzt euch.
Stand up, please.	Steht bitte auf.
Put your chairs in a circle.	Stellt eure Stühle in einem Kreis auf.
Look at the blackboard.	Schaut zur Tafel.
Here is a worksheet.	Hier ist ein Arbeitsblatt.

Come to the blackboard.	Komm zur Tafel.
Work with your partner.	Arbeite mit deinem Partner.
Work in groups of four.	Arbeitet in Gruppen zu viert.
Open the window, please.	Öffne das Fenster, bitte.
Go to the door, please.	Geh zur Tür, bitte.
Would you clean the blackboard, please?	Würdest du bitte die Tafel putzen?

Zuhören und Sprechen

Listen carefully.	Hört genau zu.
Listen and repeat.	Hört zu und wiederholt es.
Listen to the CD.	Hört die CD an.
Listen and colour in the picture, please.	Hört bitte zu und malt das Bild aus.
Listen and draw.	Hört zu und zeichnet.
Stop talking, please.	Hört bitte auf zu reden.
Quiet, please!	Ruhe, bitte!
Repeat after me, please.	Wiederholt bitte, was ich sage.
All together, please.	Alle zusammen, bitte.
Say it again, please.	Sag das bitte noch einmal.
Speak louder, please.	Bitte sprich lauter.

Redemittel

Whisper the words.	Flüstert die Wörter.
Ask your partner.	Frag deinen Partner.

Anweisungen, Aufforderungen und Bitten enden im Englischen meistens höflich mit dem Wort **please.**

Lesen

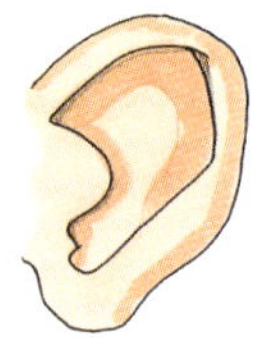

Listen and read after me, please.	Hört bitte zu und lest mir nach.
Let's read the words on the blackboard.	Lasst uns die Wörter an der Tafel lesen.
Put your finger on the word **cat.**	Legt den Finger auf das Wort cat.
Show me the word **dog.**	Zeige mir das Wort dog.
Who can read out this word to me?	Wer kann mir dieses Wort vorlesen?
Find the words in the wordsearch.	Findet die Wörter im Suchsel.

Schreiben

Copy the words from the blackboard.	Schreibt die Wörter von der Tafel ab.
Trace the words, please.	Schreibt die Wörter bitte nach.
Fill in the missing words.	Setzt die fehlenden Wörter ein.

Lob und Hilfen

That's it.	Das ist es. (Genau.)
That' right.	Das ist richtig.
Very good.	Sehr gut.
Well done.	Gut gemacht.
No, sorry.	Nein, tut mir leid.
That's not right.	Das ist nicht richtig.
Try again.	Versuche es noch einmal.
You can do it!	Du kannst es bestimmt!

Arbeiten mit einem Lehrwerk /Arbeitsheft

Take out your English books, please.	Nehmt bitte eure Englischbücher heraus.
Open your books at page ten, please.	Schlagt bitte eure Bücher auf Seite zehn auf.
Look at the picture.	Schaut euch das Bild an.
Number the pictures.	Nummeriert die Bilder.
How many cats can you see?	Wie viele Katzen kannst du sehen?

Redemittel

Look at number one, please. — Schaut euch bitte die Nummer eins an.

Point to number three, please. — Zeigt bitte auf Nummer drei.

Take out your pencil, please. — Nimm bitte deinen Bleistift heraus.

You need a green (red, yellow) crayon. — Ihr braucht einen grünen (roten, gelben) Buntstift.

Colour the dog brown. — Male den Hund braun an.

Circle the hamster. — Kreise den Hamster ein.

Draw a line. — Zeichne eine Linie.

Have you finished? — Seid ihr fertig?

Close your books, please. — Schließt bitte die Bücher.

Take out your pencil

Take out your pencil,
And draw a little cat.
Colour it black and white.
It's wearing a red hat.

Eine Geschichte hören

Now it's storytime!	Jetzt ist es Zeit für eine Geschichte!
Listen to my story.	Hört euch meine Geschichte an.
In my story there is a hippo.	In meiner Geschichte kommt ein Nilpferd vor.

Let's listen ...
Let's listen to a story,
And watch the pictures, too.
Oh, what fun it is to share
This storytime with you!

Can you draw a hippo on the blackboard?	Kannst du ein Nilpferd an die Tafel malen?
Look at the pictures.	Schaut euch die Bilder an.
This is the end of my story.	Dies ist das Ende meiner Geschichte.
Do you like the story?	Magst du die Geschichte?
Let's listen to the story again.	Lasst uns die Geschichte noch einmal hören.
Right or wrong?	Richtig oder falsch?
Listen carefully.	Hört genau zu.
Say "Stop", when you hear something wrong.	Ruft Stop, wenn ihr etwas Falsches hört.
Look at the worksheet, please.	Schaut euch bitte das Arbeitsblatt an.

Wortschatzarbeit mit Objekten und Bildern

Look at the picture, please.	Seht euch bitte das Bild an.
What's this?	Was ist das?
What can you see (in the picture)?	Was kannst du (auf dem Bild) sehen?
Go to the blackboard and point to the ball.	Geh zur Tafel und zeige auf den Ball.
Show me the dog.	Zeige mir den Hund.
Swap the cat and the dog, please.	Vertausche bitte die Katze und den Hund.

Give the hamster to Anne, please.	Bitte gib Anne den Hamster.
Put the pen on the table, please.	Lege den Füller bitte auf den Tisch.

Guess what's in the picture.	Rate, was auf dem Bild ist.
Say "Stop", when you hear the correct word.	Ruft Stop, wenn ihr das richtige Wort hört.

Stopp!

Der Spielleiter zeigt eine Bildkarte und nennt dazu verschiedene Wörter. Wenn die Mitspieler das passende Wort zum Bild hören, rufen sie laut: Stopp!

Spieltipp

Put the pictures into the correct order.	Legt die Bilder in die richtige Reihenfolge.
Match the pictures and the words.	Lege die Bilder und Wörter richtig zusammen.
Let's draw a picture!	Lasst uns ein Bild malen!

Mal- und Bastelanweisungen

Colour in the animals, please.	Male bitte die Tiere aus.
Take out your scissors and glue, please.	Nimm bitte deine Schere und den Kleber heraus.

Cut out the pictures, please.	Schneide bitte die Bilder aus.
Glue the words to the pictures.	Klebe die Wörter zu den Bildern.

Spiele

Let's play a game!	Lasst uns ein Spiel spielen!
Choose a partner, please.	Wählt bitte einen Partner.
Form groups of three children.	Bildet Gruppen mit drei Kindern.
We need two teams.	Wir brauchen zwei Teams.
Stand in a line, please.	Stellt euch bitte in einer Reihe auf.
Form a circle, please.	Bildet bitte einen Kreis.
Hold hands.	Haltet euch an den Händen.

Can we start?	Können wir anfangen?
Ready, steady, go!	Auf die Plätze, fertig, los!
It's your turn.	Du bist dran.
Who's next?	Wer ist der Nächste?
Miss one turn.	Setze einmal aus.
Go forward two steps.	Gehe zwei Schritte vorwärts.
Go back one step.	Gehe einen Schritt zurück.
The game is over.	Das Spiel ist vorbei.
Who is the winner?	Wer hat gewonnen?
It's a draw.	Es steht unentschieden.

Lieder und Chants singen

Let's sing a song now!	Lasst uns nun ein Lied singen!
It's called BINGO.	Es heißt BINGO.
Listen to the CD.	Hört euch die CD an.
Do the actions with me.	Macht die Bewegungen mit.
Clap your hands.	Klatscht in die Hände.

Stamp your feet.	Stampft mit den Füßen.

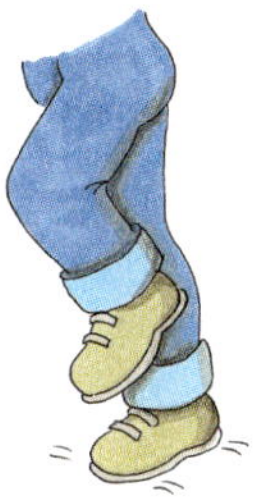

Let's hum the tune!	Lasst uns die Melodie summen!
Let's sing it all together!	Lasst es uns alle zusammen singen!
Let's sing it again!	Lasst es uns noch einmal singen!
Sing the song loudly.	Singt das Lied laut.
Sing the song softly.	Singt das Lied leise.

Family and friends

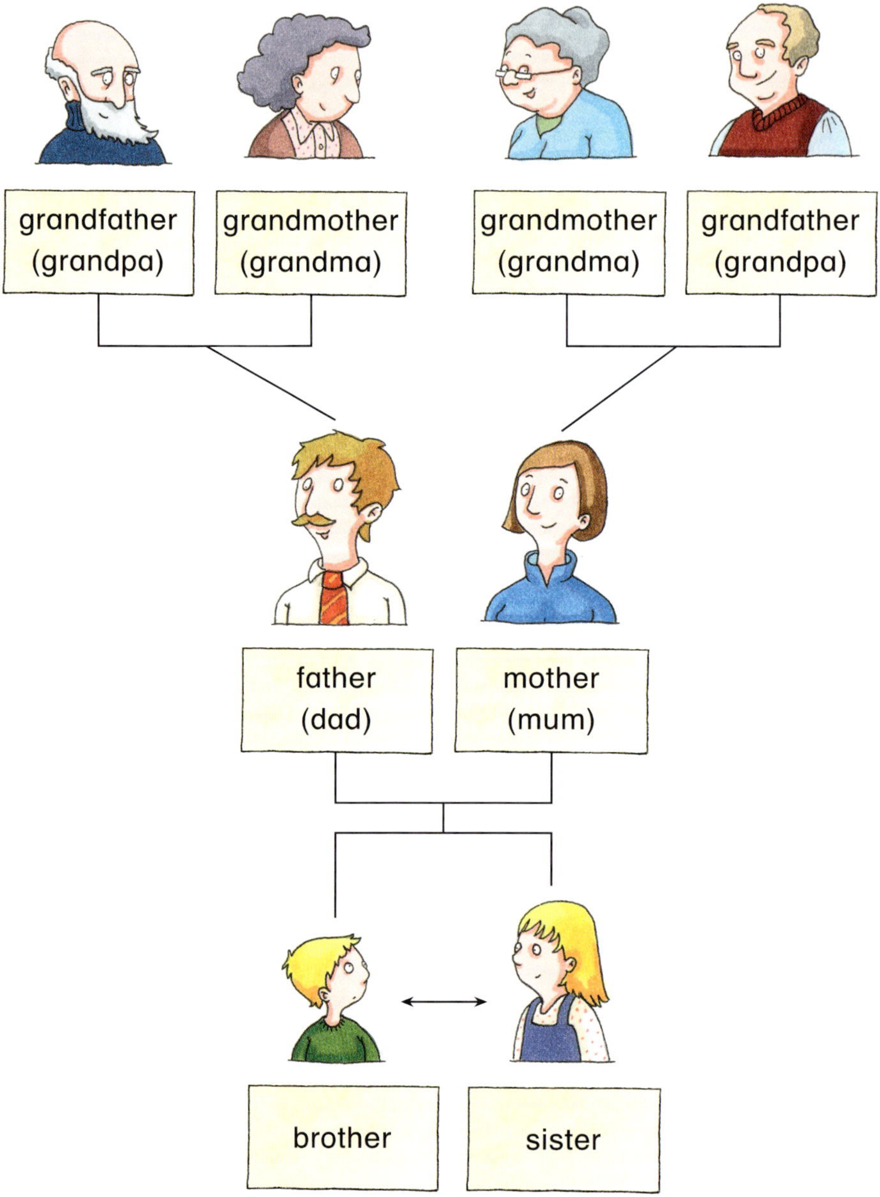

I'm Tom.	Ich bin Tom.
My name is Tom.	Ich heiße Tom.
What's your name?	Wie heißt du?
My mum's name is Anne.	Meine Mutter heißt Anne.
This is my father.	Das ist mein Vater.
Is this your grandma?	Ist das deine Oma?
Have you got a sister?	Hast du eine Schwester?
I've got one brother.	Ich habe einen Bruder.

S. 37 Apostroph

S. 43 Kurzformen

Auch in der englischen Sprache gibt es Kosenamen:
dad oder daddy für den Vater,
mum oder mummy für die Mutter,
grandma oder granny für die Oma,
grandpa oder grandad für den Opa.

My family
This is my big family:
Tom, Anne, Susan,
John and me.
Tom is my father.
Anne is my mother.
Susan is my sister.
John is my brother.
This is my big family:
Tom, Anne, Susan,
John and me.

Family and friends

neighbour

girlfriend / boyfriend

Mum and Dad are my parents.	Mama und Papa sind meine Eltern.
Mum is Grandma's daughter.	Mama ist Omas Tochter.
This is my uncle.	Das ist mein Onkel.
My uncle has got a son.	Mein Onkel hat einen Sohn.
This is my aunt.	Das ist meine Tante.
My aunt is my father's sister.	Meine Tante ist die Schwester meines Vaters.
My cousin's name is David.	Mein Cousin heißt David.
The neighbour is old.	Der Nachbar ist alt.

S. 37 besitzanzeigendes Pronomen

Auch in England und Amerika wird Muttertag, Mother's Day, gefeiert. Wie bei uns lernen die Kinder oft kleine Gedichte und sagen sie auf, z. B.:

Mummy, it's your special day,
And it's time for me to say:
I'm glad for all the things you do.
Thank you, mummy, I love you!

Numbers, colours and shapes

one

two

three

four

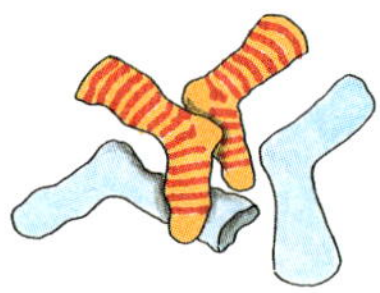

five

six

seven

eight

nine

ten

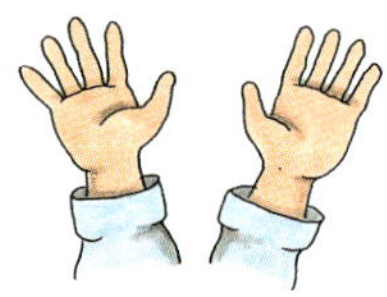

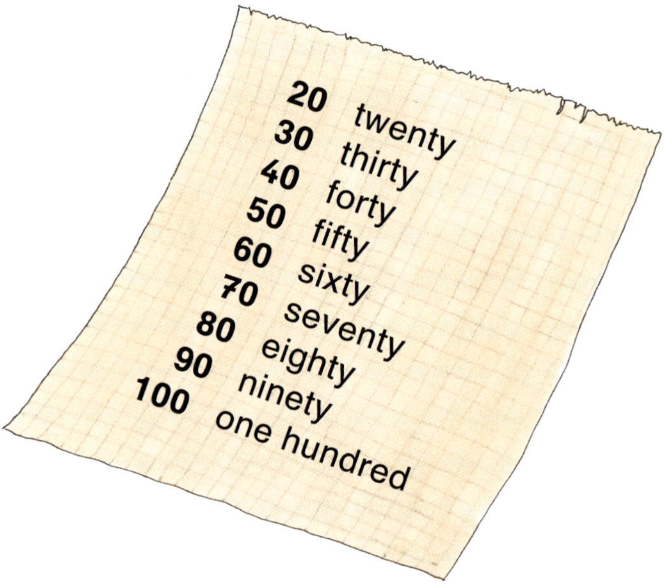

I've got two balls.	Ich habe zwei Bälle.
How many balls have you got?	Wie viele Bälle hast du?
I've got ten fingers.	Ich habe zehn Finger.
How many pencils are there?	Wie viele Bleistifte sind da?
There are six pencils.	Da sind sechs Bleistifte.
Let's count from one to ten!	Lasst uns von eins bis zehn zählen!
I can count up to one hundred.	Ich kann bis einhundert zählen.
Three plus two is five.	Drei plus zwei gleich fünf.

S. 34 Mehrzahl

S. 41 Aufforderungssätze

One elephant went out to play

One elephant went out to play
Upon a spider's web one day.
He had such enormous fun,
He called for another elephant to come.

Two elephants went out to play
Upon a spider's web one day.
They had such enormous fun,
They called for another elephant to come.

Three elephants ...
Four elephants ...

Numbers, colours and shapes

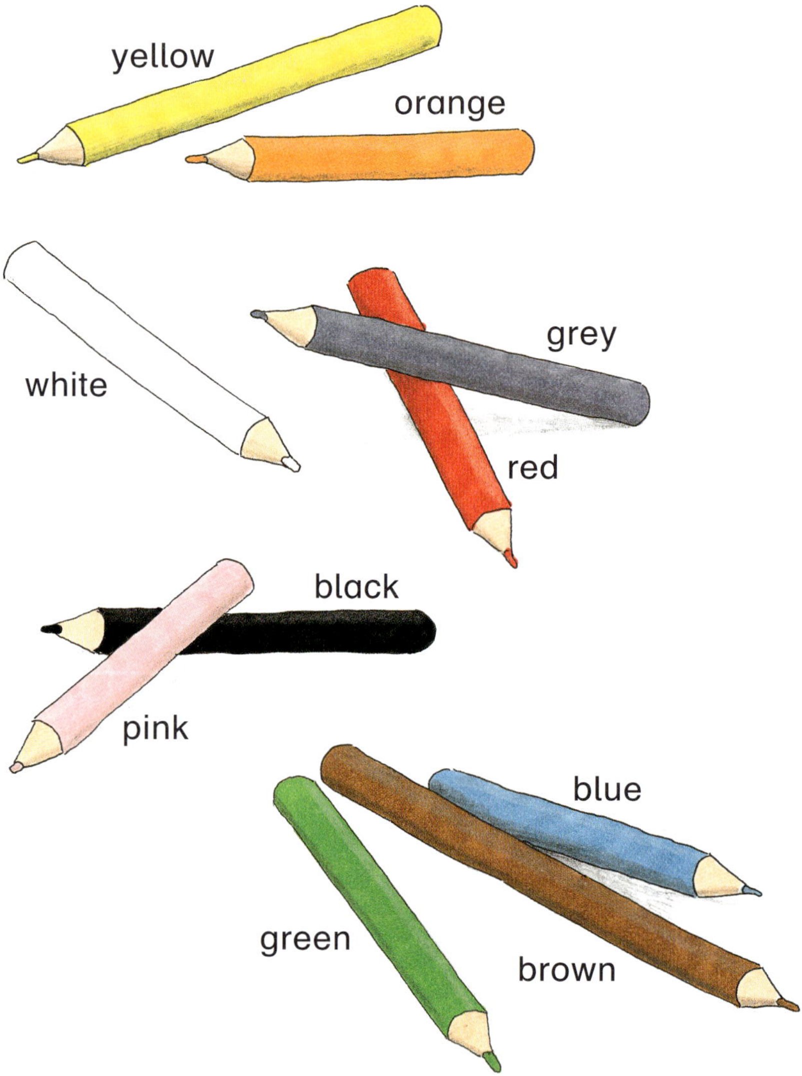

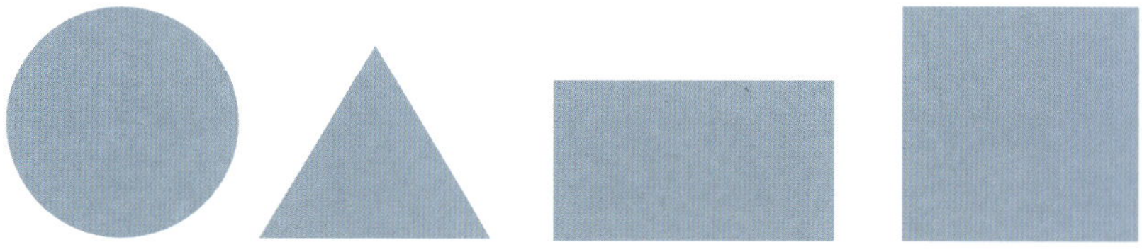

What colour is this?	Welche Farbe ist das?
It's green.	Das ist grün.
The circle is orange.	Der Kreis ist orange.
Is the square red?	Ist das Quadrat rot?
What colour is the rectangle?	Welche Farbe hat das Rechteck?
Is your anorak black?	Ist dein Anorak schwarz?
Have you got brown shoes?	Hast du braune Schuhe?
What colour is the car?	Welche Farbe hat das Auto?
The car is blue.	Das Auto ist blau.

S. 42 Fragesätze

Colours

Orange is a carrot, yellow is a pear,
green is the grass and brown is a bear,
Purple is a plum, blue is the sky,
Black is a witch's hat and red is cherry-pie.

Spiel-tipp

I spy with my little eye

Gegenstände mit einer bestimmten Farbe sollen erraten werden. Einer sagt: I spy with my little eye something red. Die anderen raten: Is it your pen? Is it your T-shirt? Die Antworten darauf lauten: Yes, it is. Oder: No, it isn't.

My body

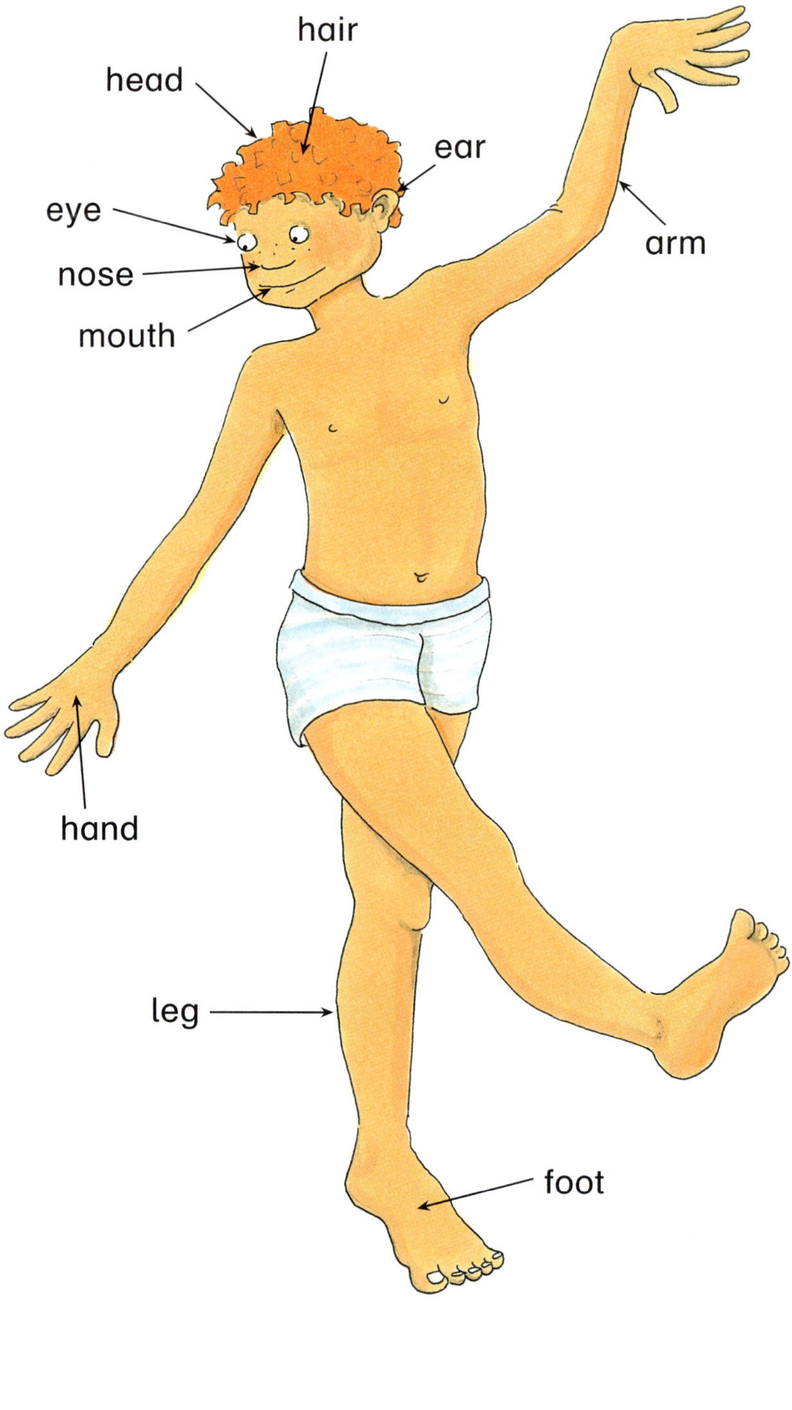

I have got a nose.	Ich habe eine Nase.
I have got two eyes.	Ich habe zwei Augen.
I have got two ears.	Ich habe zwei Ohren.
This is my mouth.	Das ist mein Mund.
Point to your arm!	Zeige auf deinen Arm!
Point to your foot!	Zeige auf deinen Fuß!
Have you got long hair?	Hast du lange Haare?
Yes, I have.	Ja, das habe ich.
This is my leg.	Das ist mein Bein.
Here is my arm.	Hier ist mein Arm.
Give me your hand!	Gib mir deine Hand!

S. 34 Mehrzahl

S. 44 Fragen beantworten

Head, shoulders, knees and toes

Head, shoulders, knees and toes, knees and toes.
Head, shoulders, knees and toes, knees and toes.
And eyes and ears and mouth and nose.
Head, shoulders, knees and toes, knees and toes.

Während des Singens zeigt man mit beiden Händen auf die genannten Körperteile.

My body

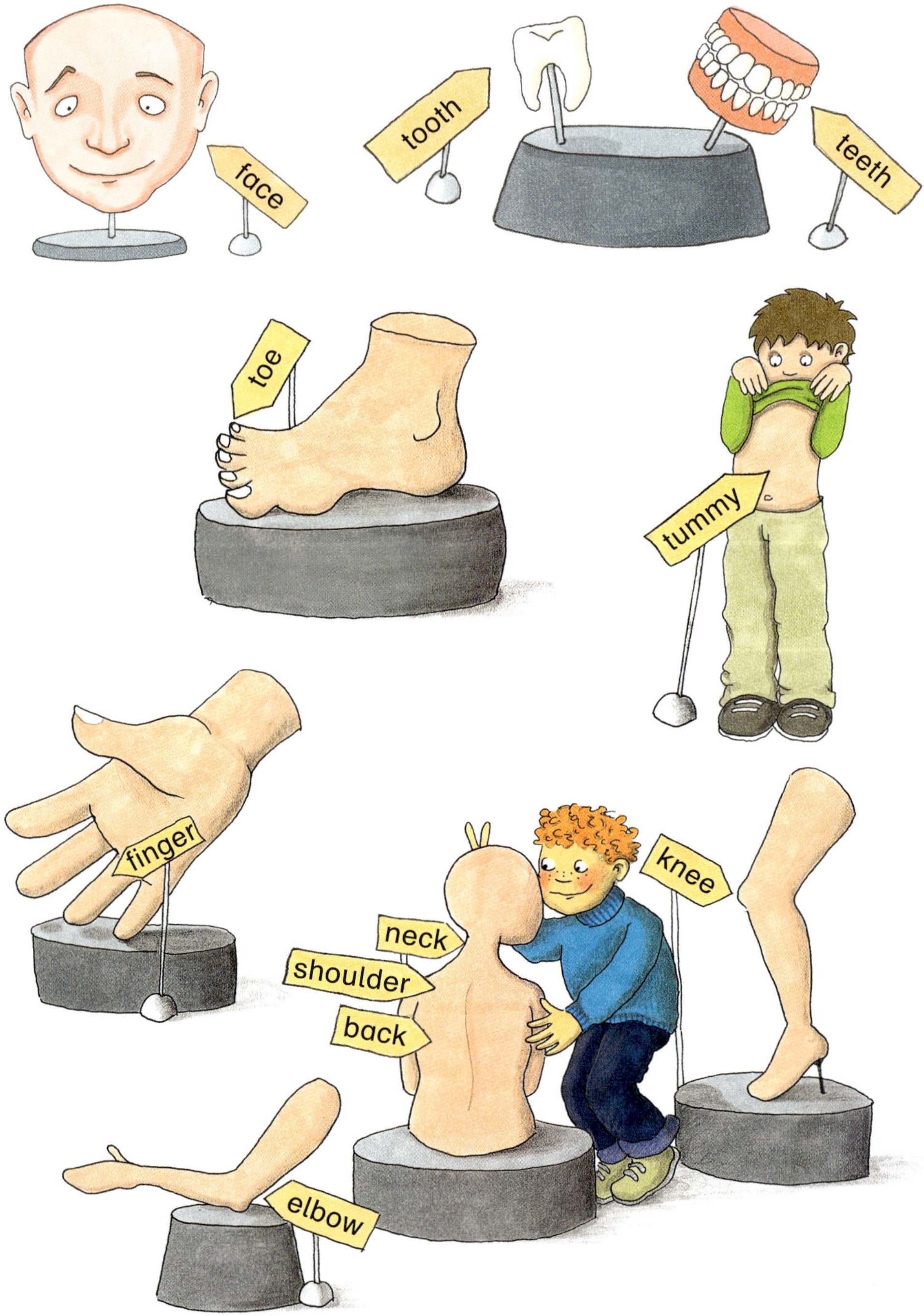
face
tooth
teeth
toe
tummy
finger
knee
neck
shoulder
back
elbow

This is my tooth.	Das ist mein Zahn.
These are my teeth.	Das sind meine Zähne.
My elbow hurts.	Mein Ellbogen tut weh.
Where is your toe?	Wo ist dein Zeh?
Touch your shoulders!	Berühre deine Schultern!
Where is your neck?	Wo ist dein Hals?
Show me your left finger!	Zeige mir deinen linken Finger!
Show me your knee!	Zeige mir dein Knie!

S. 34
Mehrzahl

Spiel-tipp

Simon says

Für dieses Spiel benötigt man mehrere Mitspieler.
Ein Spielleiter sagt auf Englisch, welche Bewegungen ausgeführt werden sollen. Die Bewegungen werden aber nur ausgeführt, wenn zuerst Simon says gesagt wird, z. B.:
Simon says: “Stand on one leg!” (Jeder Mitspieler stellt sich auf ein Bein.)
Stand on one leg! (Diese Bewegung wird nicht ausgeführt.)
Das Spiel kann mit oder ohne Ausscheiden gespielt werden.

Clothes

anorak

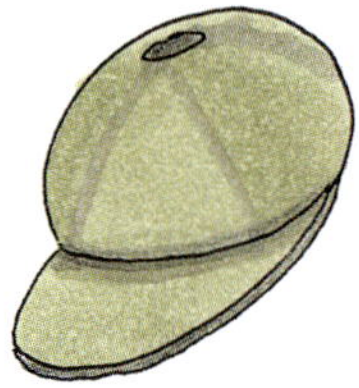

cap

jacket

T-shirt

dress

jeans

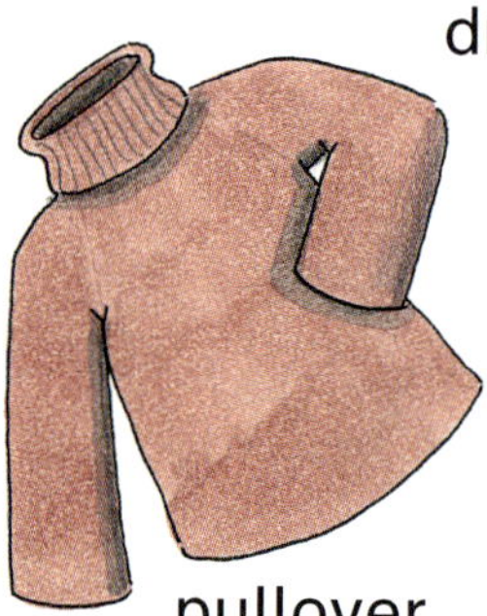

pullover

shoes

socks

sweatshirt

What is this?	Was ist das?
This is a dress.	Das ist ein Kleid.
This is a red T-shirt.	Das ist ein rotes T-Shirt.
These are my socks.	Das sind meine Socken.
What colour are your socks?	Welche Farbe haben deine Socken?
My socks are black.	Meine Socken sind schwarz.
Have you got a blue pullover?	Hast du einen blauen Pullover?
Yes, I have.	Ja, das habe ich.
No, I haven't.	Nein, das habe ich nicht.
I've got white shoes.	Ich habe weiße Schuhe.

S. 34 Mehrzahl

S. 44 Fragen beantworten

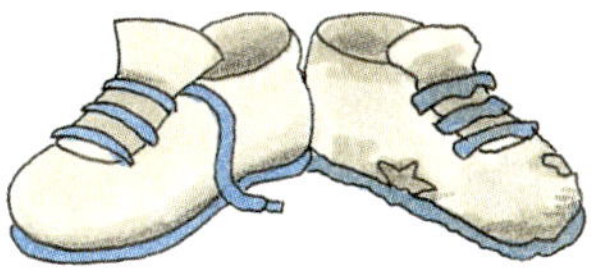

Spiel-tipp

Kimspiel 1

Acht oder mehr verschiedene Kleidungsstücke werden auf dem Tisch verteilt. Alle Mitspieler merken sich die Sachen. Dann werden die Kleidungsstücke unter einer großen Decke versteckt. Jeder Mitspieler malt die Sachen, die er sich gemerkt hat, auf ein Blatt Papier und benennt sie anschließend auf Englisch. Dann wird die Decke weggenommen und das Gemalte mit den Kleidungsstücken darunter verglichen.

Clothes

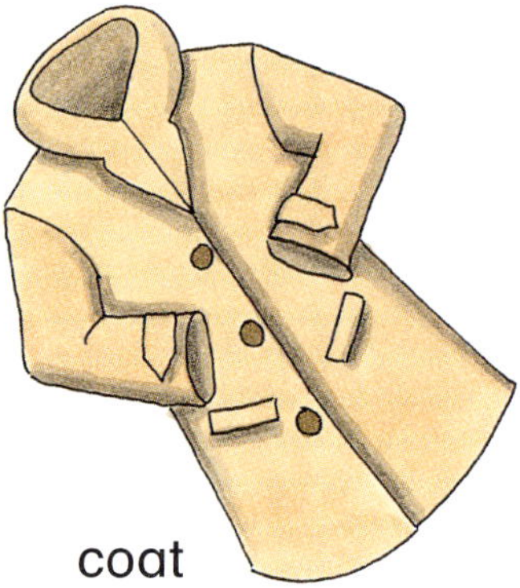

coat

skirt

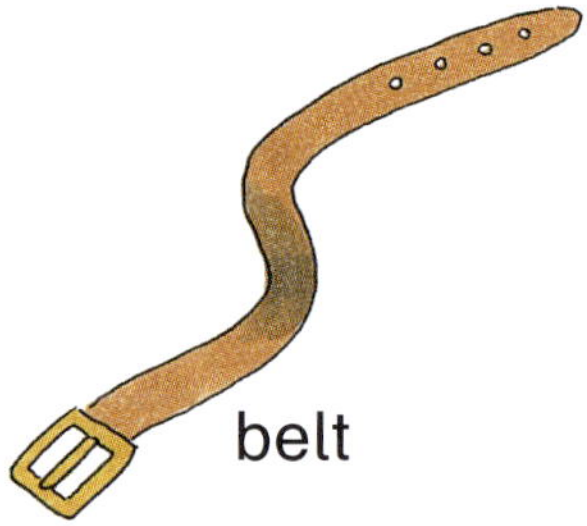

belt

shorts

trousers

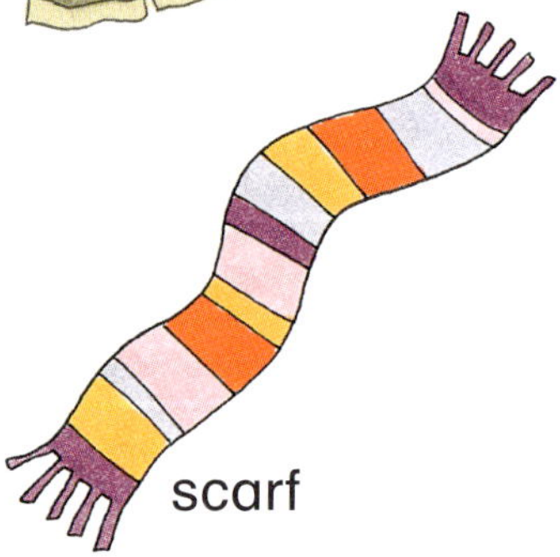

scarf

gloves

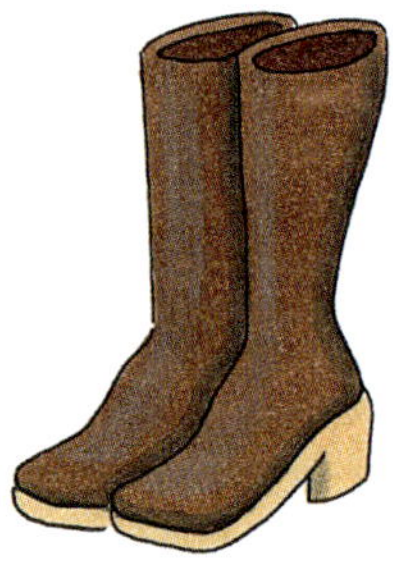

boots

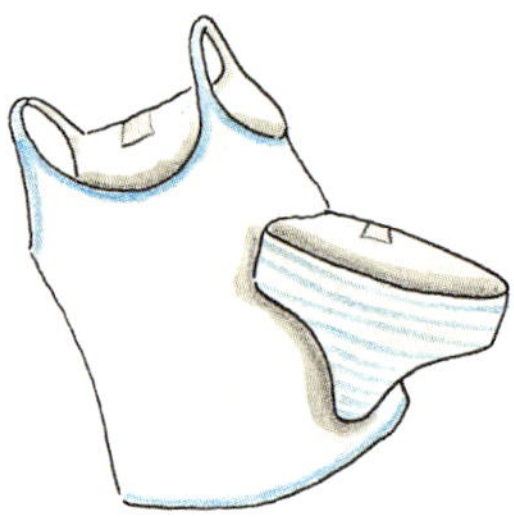

underwear

hat

sandals

blouse

What are you wearing?	Was hast du an?
I'm wearing jeans and a T-shirt.	Ich trage Jeans und ein T-Shirt.
I like wearing hats.	Ich trage gern Hüte.
I don't like wearing boots.	Ich trage nicht gern Stiefel.
What is Lilly wearing?	Was trägt Lilly?
Lilly is wearing a red skirt.	Lilly trägt einen roten Rock.
Who is wearing green sandals?	Wer trägt grüne Sandalen?

S. 43 Verneinung
S. 42 Fragesätze

If you're wearing something red
If you're wearing something red, shake your head.
If you're wearing something red, shake your head.
If you're wearing something red,
If you're wearing something red,
If you're wearing something red, shake your head.

If you're wearing something blue, touch your shoe.
If you're wearing something blue, touch your shoe.
If you're wearing something blue,
If you're wearing something blue,
If you're wearing something blue, touch your shoe.

At home

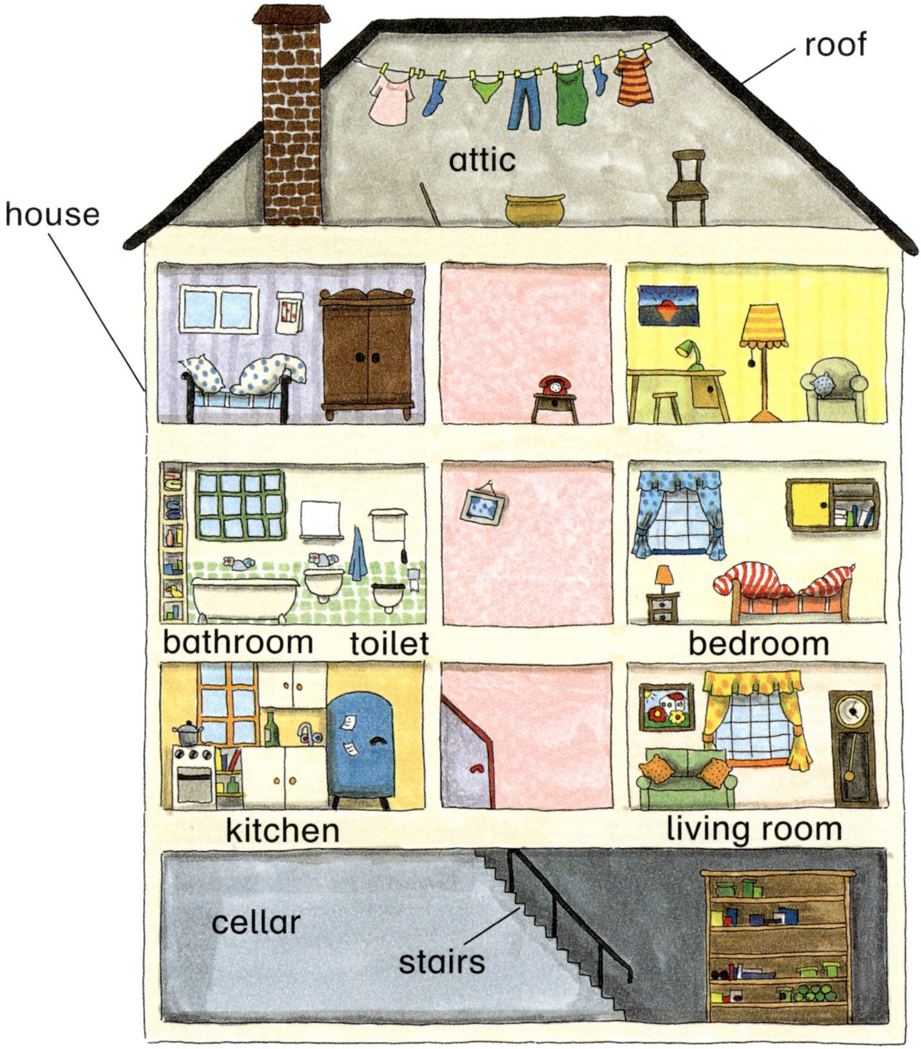
roof
attic
house
bathroom
toilet
bedroom
kitchen
living room
cellar
stairs

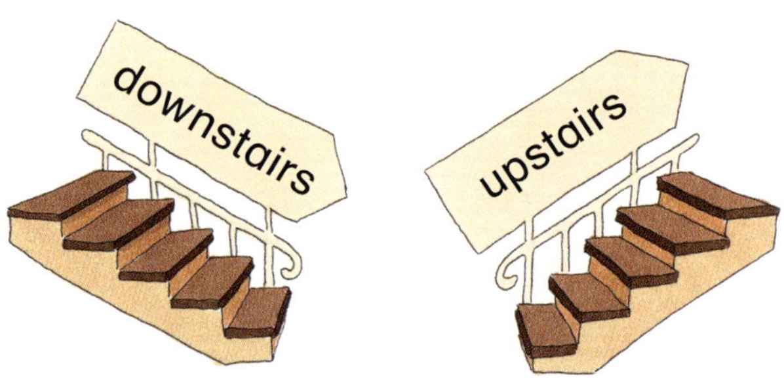
downstairs
upstairs

I live in a house.	Ich wohne in einem Haus.
This is the kitchen.	Das ist die Küche.
My bedroom is upstairs.	Mein Schlafzimmer ist oben.
The bathroom is downstairs.	Das Badezimmer ist unten.
Mum is in the living room.	Mama ist im Wohnzimmer.
Dad is in the cellar.	Papa ist im Keller.
Where is the toilet?	Wo ist die Toilette?
Where is the bathroom?	Wo ist das Badezimmer?

S. 37 besitzanzeigendes Pronomen

S. 39 Verhältniswörter

Viele Menschen in Großbritannien wohnen im eigenen Haus. Es gibt viele Reihenhäuser (terraced houses) und Doppelhäuser (semi-detached houses). Die Häuser haben meistens keinen Keller.

At home

lamp

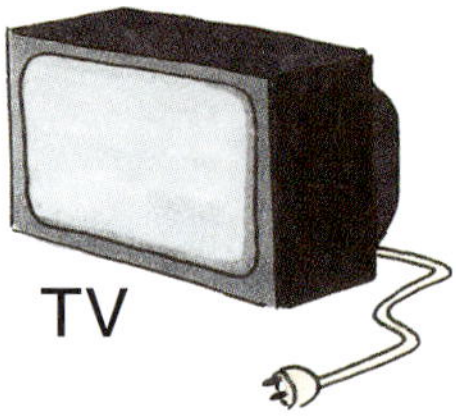

TV

window

bathtub

sofa

shelf

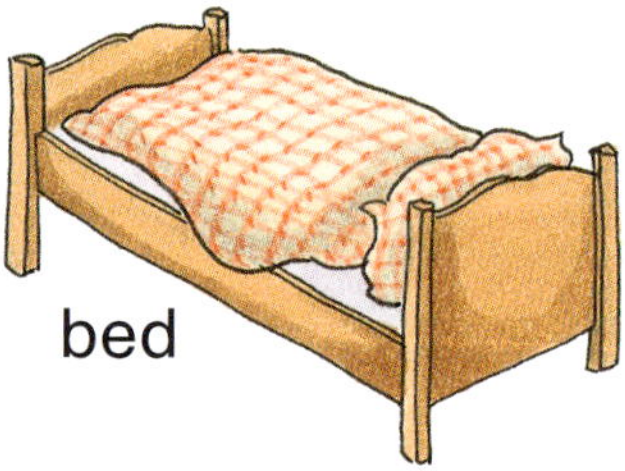

bed

table

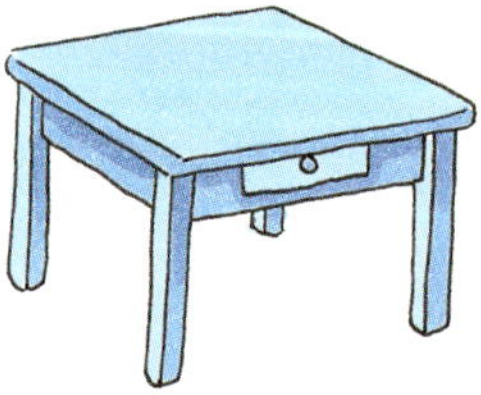

chair

rug

wardrobe

garage

What's this?	Was ist das?
It's a table.	Es ist ein Tisch.
This is a chair.	Das ist ein Stuhl.
We've got a new lamp.	Wir haben eine neue Lampe.
Have you got a shelf?	Hast du ein Regal?
Yes, I have.	Ja.
No, I haven't.	Nein.
The books are on the shelf.	Die Bücher sind im Regal.
Where is the lamp?	Wo ist die Lampe?
The sofa is in the living room.	Das Sofa ist im Wohnzimmer.

S. 42 Fragesätze

Spieltipp

Who is in the kitchen?

Male auf einen Briefumschlag ein Zimmer, z. B. die Küche. Male dann Gegenstände (Tisch, Regal, Lampe, Stuhl etc.) und schneide sie aus. Stecke nun einen gemalten Gegenstand in den Briefumschlag. Deine Freunde müssen erraten, was sich dort versteckt.
Du fragst: What is in the kitchen?
Dein Freund erwidert: Is it a chair?
Du antwortest: No, it isn't. Oder: Yes, it is.
Du kannst noch andere Räume auf weitere Briefumschläge malen und andere Gegenstände verstecken.

At school

teacher

blackboard

chair

pen

desk

book

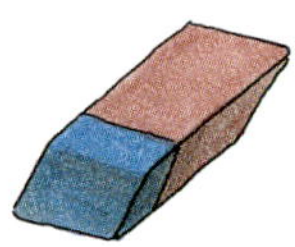
rubber

pencil

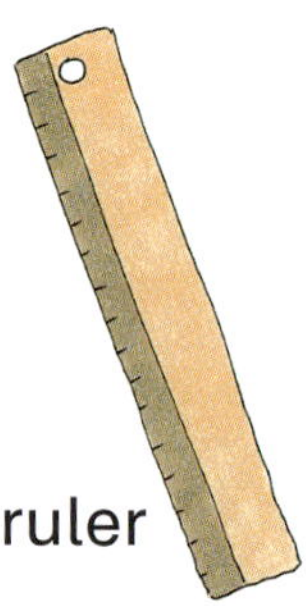
ruler

schoolbag

exercise book

This is a book.	Das ist ein Buch.
This is my pen.	Das ist mein Füller.
I've got three pencils.	Ich habe drei Bleistifte.
Have you got a ruler?	Hast du ein Lineal?
Yes, I have. / No, I haven't.	Ja. / Nein.
Is this your rubber?	Ist das dein Radiergummi?
Yes, it is. / No, it isn't.	Ja. / Nein.
Who is your teacher?	Wer ist dein Lehrer?
My teacher is Mr Miller.	Mein Lehrer ist Herr Miller.
Where is my pen?	Wo ist mein Füller?

S. 34 Mehrzahl

S. 44 Fragen beantworten

Chinese whispers

Alle Kinder sitzen in einer Runde. Ein Kind wählt einen Gegenstand aus der Schultasche aus, z. B. pencil. Dieses Wort wird dem Nachbarkind ins Ohr geflüstert. Das Kind flüstert es weiter, bis das Wort beim letzten Mitspieler angekommen ist. Der muss nun sagen, um welches Wort es sich handelt oder was er verstanden hat.

Spiel-tipp

At school

pupil

classroom

timetable

folder

chalk

sponge

pencil sharpener

scissors

glue

Can I have your scissors, please?	Kann ich bitte deine Schere haben?
Give me your scissors, please.	Gib mir bitte deine Schere.
Here you are.	Bitte sehr.
Thank you.	Danke.
Where is the pencil sharpener?	Wo ist der Anspitzer?
Pass me the glue, please.	Reiche mir bitte den Kleber herüber.
Show me your folder!	Zeig mir deine Mappe!
This is our classroom.	Das ist unser Klassenzimmer.

S. 37
besitz-anzeigendes Pronomen

S. 41
Auf-forderungs-sätze

In Großbritannien und in den USA beginnt der Unterricht meist um 9.00 Uhr und endet gegen 16.00 Uhr. Die Kinder essen in der Schule zu Mittag. In Großbritannien tragen alle Kinder eine Schuluniform.

Toys and hobbies

ball

robot

dice

doll

racing car

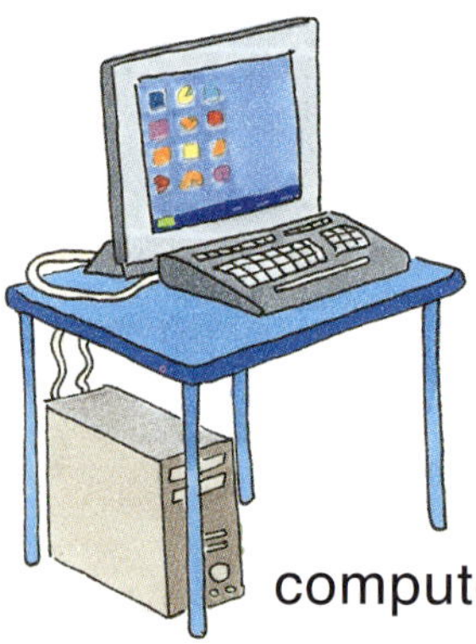

computer

yo-yo

teddy bear

jigsaw puzzle

kite

What's your favourite toy?	Was ist dein Lieblingsspielzeug?
My favourite toy is my doll.	Mein Lieblingsspielzeug ist meine Puppe.
Have you got a teddy bear?	Hast du einen Teddy?
Yes, I have. / No, I haven't.	Ja. / Nein.
I have got three racing cars.	Ich habe drei Rennautos.
Can I have your doll, please?	Kann ich bitte deine Puppe haben?
Where is my kite?	Wo ist mein Drachen?

S. 44
Fragen beantworten

Toys and hobbies

playing the piano

playing the recorder

dancing

playing the guitar

reading

skateboarding

riding a bike

playing computer games

watching TV

playing football

painting

My hobby is painting.	Mein Hobby ist Malen.
What are your hobbies?	Was sind deine Hobbys?
I've got a lot of hobbies.	Ich habe viele Hobbys.
My favourite hobby is dancing.	Mein Lieblingshobby ist das Tanzen.
Do you like watching TV?	Siehst du gern fern?
No, I don't.	Nein.
I like playing the recorder.	Ich spiele gern Blockflöte.
Do you play an instrument?	Spielst du ein Instrument?
I play the guitar.	Ich spiele Gitarre.

S. 37 besitzanzeigendes Pronomen

S. 40 Aussagesätze

My favourite hobby
My favourite hobby is playing the flute,
Playing the flute, playing the flute.
My favourite hobby is playing the flute,
All day long.

Sports

table tennis

horse riding

football

handball

judo

tennis

jogging

basketball

cycling

swimming

What's your favourite sport?	Welches ist deine Lieblingssportart?
My favourite sport is tennis.	Meine Lieblingssportart ist Tennis.
Can you play table tennis?	Kannst du Tischtennis spielen?
Sorry, I can't.	Tut mir leid, das kann ich nicht.
Are you in a judo club?	Bist du in einem Judo-Verein?
Yes, I am.	Ja.
Do you like playing handball?	Spielst du gern Handball?
Yes, I do. / No, I don't.	Ja. / Nein.
Let's play football!	Lasst uns Fußball spielen!

S. 43 Verneinung

S. 41 Aufforderungssätze

Spieltipp

Pantomime

Ein Kind stellt eine Sportart pantomimisch dar, die anderen Kinder müssen die Sportart erraten.

Is it tennis?

Is it golf?

Is it …?

Sports

climbing

baseball

rugby

surfing

skiing

gymnastics

high jump

badminton

ice skating

ice hockey

I like gymnastics.	Ich mag Gymnastik.
I don't like ice hockey.	Ich mag Eishockey nicht.
In winter I go skiing.	Im Winter fahre ich Ski.
Are you good at skiing?	Bist du gut im Skilaufen?
Yes, I am.	Ja.
No, I'm not.	Nein.
I'm not good at surfing.	Ich kann nicht gut surfen.
I love badminton.	Ich liebe Federball.
I hate climbing.	Ich hasse Klettern.

S. 44 Fragen beantworten

S. 43 Verneinung

Pass the ball

Die Mitspieler bewegen sich durch den Raum. Zu leiser Musik wird ein Ball weitergegeben. Wenn die Musik stoppt, muss derjenige, der den Ball in den Händen hält, eine Sportart nennen, z. B.: My favourite sport is tennis.
Wer keine Sportart weiß, die noch nicht genannt wurde, scheidet aus.

Spiel-tipp

Fruit and vegetables

What's this?	Was ist das?
It's a melon.	Es ist eine Melone.
This is a lemon.	Das ist eine Zitrone.
I like oranges.	Ich mag Apfelsinen.
I love strawberries.	Ich liebe Erdbeeren.
I don't like grapes.	Ich mag keine Weintrauben.
I hate apples.	Ich hasse Äpfel.
Let's make a fruit salad!	Lasst uns einen Obstsalat machen!
Cut the apple into small pieces, please.	Schneide den Apfel bitte in kleine Stücke.

S. 34 Mehrzahl

S. 43 Verneinung

Apples and bananas
I like to eat, eat, eat, apples and bananas.
I like to eat, eat, eat, apples and bananas.

Fruit and vegetables

Can I have a lettuce, please?	Kann ich bitte einen Salat haben?
Here you are.	Bitte sehr.
I'd like three tomatoes, please.	Ich hätte gern drei Tomaten, bitte.
How much are the cucumbers?	Wie teuer sind die Gurken?
How much are the onions?	Wie teuer sind die Zwiebeln?
They are £1.99.	Sie kosten ein Pfund neunundneunzig.
Don't forget the potatoes!	Vergiss die Kartoffeln nicht!

S. 34 Mehrzahl

S. 42 Fragesätze

Spiel-tipp

Fruit salad

Alle Kinder sitzen im Kreis und benennen sich nach einer von vier Obst- oder Gemüsesorten (z. B. lemon, plum, cherry, peach). Ein Stuhl wird entfernt und ein Kind geht in die Mitte. Es ruft eine Obstsorte auf (z. B. plum) und alle „plums" wechseln die Plätze. Das Kind in der Mitte setzt sich schnell auf einen freien Platz. Ein anderes Kind, das nun keinen Stuhl mehr hat, nennt eine neue Obstsorte, evtl. auch zwei. Die Kinder wechseln wieder die Plätze. Sagt das Kind in der Mitte aber fruit salad, müssen alle Kinder die Plätze tauschen.

Breakfast, lunch and dinner

toast

bread

coffee

orange juice

cheese

jam

egg

cornflakes

milk

bacon

butter

tea

honey

What's this?	Was ist das?
It's cheese.	Es ist Käse.
This is honey.	Das ist Honig.
What would you like for breakfast?	Was möchtest du zum Frühstück?
Can I have some butter, please?	Kann ich bitte etwas Butter haben?
Here you are.	Bitte sehr.
Can you pass the jam, please?	Kannst du mir bitte die Marmelade reichen?
Here it is.	Hier ist sie.
Peter likes milk.	Peter mag Milch.
I like toast with jam.	Ich mag Toast mit Marmelade.

S. 38 → 3. Person Einzahl

Das englische Wort marmalade wird nur für die etwas bittere Orangenmarmelade verwendet, in der auch Orangenschale enthalten ist. Alle anderen Marmeladen heißen in der englischen Sprache jam.

Breakfast, lunch and dinner

lemonade

sandwich

mineral water

ice cream

soup

dessert

salt

pepper

rice

spaghetti

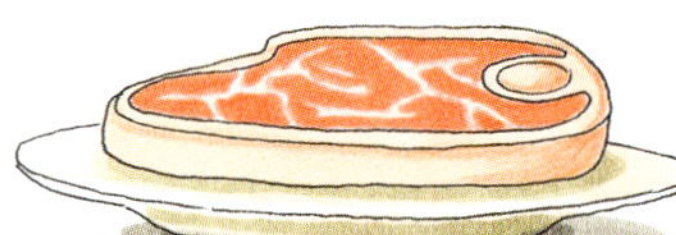
steak

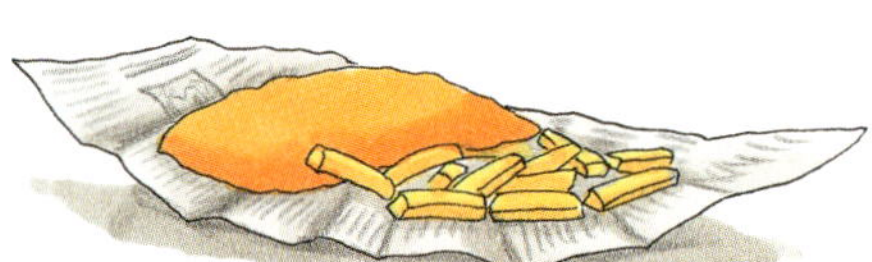
fish

chips

What would you like for lunch/dinner?	Was möchtest du zum Mittag-/Abendessen?
I would like fish.	Ich hätte gern Fisch.
I would like soup.	Ich hätte gern Suppe.
I love rice.	Ich liebe Reis.
Yummy!	Lecker!
I don't like fish and chips.	Ich mag Fisch und Pommes frites nicht.
Can I have some more lemonade, please?	Kann ich bitte noch etwas Limonade haben?
What about some dessert?	Wie wäre es mit einem Nachtisch?
Yes, please.	Ja, bitte.

S. 40 Aussagesätze

S. 43 Verneinung

Spieltipp

Food train

Die folgenden Wörter werden mehrfach gesprochen: erst langsam, dann immer schneller, wie ein Zug, der anfährt. Am Ende wird das Wort soup ganz lang gesprochen – der Zug steht wieder.

cornflakes: sechsmal
toast and butter: fünfmal
milk and coffee: viermal
salt and pepper: dreimal
fish and chips: zweimal
soup: einmal

Pets and farm animals

What's this?	Was ist das?
This is my cat.	Das ist meine Katze.
This is my dog.	Das ist mein Hund.
Have you got a pet?	Hast du ein Haustier?
Yes, I've got a hamster.	Ja, ich habe einen Hamster.
I like my budgie.	Ich mag meinen Wellensittich.
What are your favourite animals?	Was sind deine Lieblingstiere?
Where is the rabbit?	Wo ist das Kaninchen?

S. 34 Mehrzahl

Have you got a hamster?

Have you got a hamster?

Have you got a cat?

Have you got a rabbit?

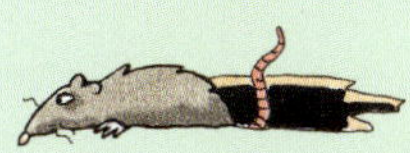

Or have you got a rat?

I haven't got a hamster.
I haven't got a cat.
I haven't got a rabbit.
I haven't got a rat.
But look! Here is my little dog.
He is my favourite pet.

Pets and farm animals

The pigs live on the farm.	Die Schweine leben auf dem Bauernhof.
There are many ducks.	Da sind viele Enten.
How many horses are there on the farm?	Wie viele Pferde gibt es auf dem Hof?
There are six horses on the farm.	Es gibt sechs Pferde auf dem Bauernhof.
The goose is ill.	Die Gans ist krank.
The donkey is grey.	Der Esel ist grau.
The cows are in the meadow.	Die Kühe sind auf der Weide.
I like feeding the animals.	Ich füttere gern die Tiere.

S. 39 Verhältniswörter

S. 40 Aussagesätze

BINGO
There was a farmer had a dog
And BINGO was his name – oh.
B-I-N-G-O, B-I-N-G-O, B-I-N-G-O,
And BINGO was his name – oh.

At the zoo

parrot

hippo

giraffe

bear

crocodile

kangaroo

snake

monkey

elephant

lion

Let's go to the zoo!	Lasst uns in den Zoo gehen!
There are lions at the zoo.	Im Zoo gibt es Löwen.
Do you like hippos?	Magst du Nilpferde?
Yes, I do. / No, I don't.	Ja. / Nein.
Which animal has got a long neck?	Welches Tier hat einen langen Hals?
The giraffe has got a long neck.	Die Giraffe hat einen langen Hals.
The kangaroo can jump.	Das Känguru kann springen.
The elephant is very big.	Der Elefant ist sehr groß.
The snake is green.	Die Schlange ist grün.

S. 44 Fragen beantworten

S. 40 Aussagesätze

An elephant ...
An elephant goes like this and that.
He's terribly big and he's terribly fat.
He has no fingers, he has no toes,
But goodness, gracious! What a nose!

At the zoo

koala

shark

gorilla

leopard

panda

penguin

polar bear

tiger

zebra

Is this a panda or a polar bear?	Ist das ein Panda oder ein Eisbär?
What do leopards eat?	Was fressen Leoparden?
They eat meat.	Sie fressen Fleisch.
Where do koalas live?	Wo leben Koalabären?
Koalas live in Australia.	Koalabären leben in Australien.
Kangaroos live in Australia, too.	Kängurus leben auch in Australien.
Where do zebras come from?	Woher kommen die Zebras?
Zebras come from Africa.	Zebras kommen aus Afrika.

S. 42
Fragesätze

Spiel-tipp

Good morning, Mr. Lion

Ein Kind wird vor die Tür geschickt und prägt sich den Satz Good morning, Mr. Lion ein, die anderen Kinder sitzen im Kreis. Jedes Kind nennt das Zootier, das es sein möchte (panda, tiger …). Ein Kind wird als Mr. Lion bestimmt.
Das vor der Tür wartende Kind kommt herein und muss nun Mr. Lion herausfinden. Es spricht mehrere Kinder mit Good morning, Mr. Lion! an. Die angesprochenen Kinder antworten mit: No, I'm the koala (panda, tiger, …). Wenn Mr. Lion gefunden wurde (Yes, I'm Mr. Lion.), geht ein anderes Kind vor die Tür und muss raten.

Around the year

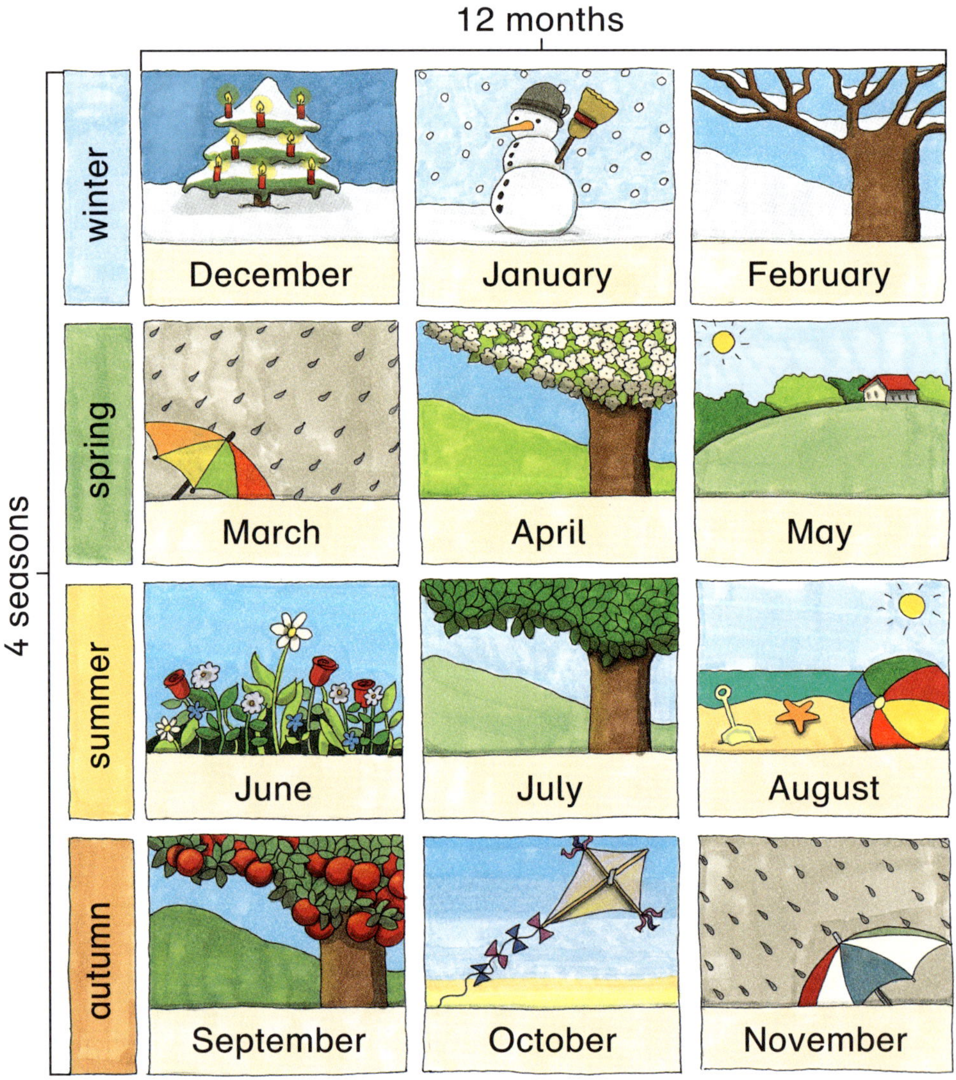

There are four seasons.	Es gibt vier Jahreszeiten.
What's your favourite season?	Was ist deine Lieblingsjahreszeit?
My favourite season is autumn.	Meine Lieblingsjahreszeit ist der Herbst.
There are twelve months in a year.	Das Jahr hat zwölf Monate.
What's your favourite month?	Was ist dein Lieblingsmonat?
My favourite month is December.	Mein Lieblingsmonat ist Dezember.
School starts in September.	Die Schule fängt im September an.
When is your birthday?	Wann ist dein Geburtstag?
My birthday is in May.	Mein Geburtstag ist im Mai.

S. 37
besitzanzeigendes Pronomen

S. 38
3. Person Einzahl

Spring, summer, autumn, winter
Spring is showery, flowery, bowery.
Summer is hoppy, croppy, poppy.
Autumn is slippy, drippy, nippy.
Winter is breezy, sneezy, freezy.

Around the year

week

weekend

There are seven days in a week.	Eine Woche hat sieben Tage.
What day is it today?	Welcher Tag ist heute?
It's Tuesday today.	Heute ist Dienstag.
There is no school on Sundays.	Am Sonntag ist keine Schule.
I play tennis every Friday.	Ich spiele jeden Freitag Tennis.
Grandma is coming at the weekend.	Oma kommt am Wochenende.
Let's go swimming on Wednesday!	Lasst uns am Mittwoch schwimmen gehen!

S. 32 Groß-schreibung

S. 41 Auf-forderungs-sätze

Sally go round the sun

Sally go round the sun,
Sally go round the moon,
Sally go round the chimney pots
On a Monday afternoon.

In den nächsten Strophen wird „Monday“ durch die anderen Wochentage ersetzt.

Time

It's half past four.
It's eight o'clock.
It's a quarter past ten.
watch
clock
It's half past three.
It's a quarter to six.
It's twelve o'clock.
It's ten past three.
It's twenty to nine.

What time is it?	Wie viel Uhr ist es?
What's the time, please?	Wie spät ist es, bitte?
It's eight o'clock.	Es ist acht Uhr.
It's ten past three.	Es ist zehn nach drei.
It's a quarter past ten.	Es ist Viertel nach zehn.
It's half past four.	Es ist halb fünf.
It's half past three.	Es ist halb vier.
It's twenty to nine.	Es ist zwanzig vor neun.
It's a quarter to six.	Es ist Viertel vor sechs.
It's twelve o'clock.	Es ist zwölf Uhr.

S. 42
Fragesätze

Spieltipp

What's the time, Mr. Wolf?

Alle Kinder („Schafe") stehen auf einer Seite, gegenüber steht ein Kind als „Mr. Wolf". Alle rufen: What's the time, Mr. Wolf? Je nach Antwort (z. B. It's three o'clock.) gehen die Kinder eine bestimmte Anzahl kleiner Schritte nach vorn. Wenn aber Mr. Wolf sagt: It's lunchtime!, dann rennen alle los und Mr. Wolf fängt so viele „Schafe", wie er kann. Gefangene Schafe werden ebenfalls zu Wölfen und müssen Schafe fangen. Wer übrig bleibt, wird der neue Mr. Wolf.

Time

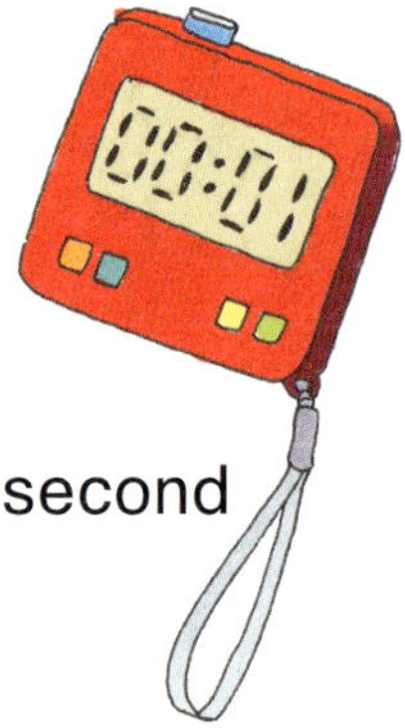

second

minute

hour

day

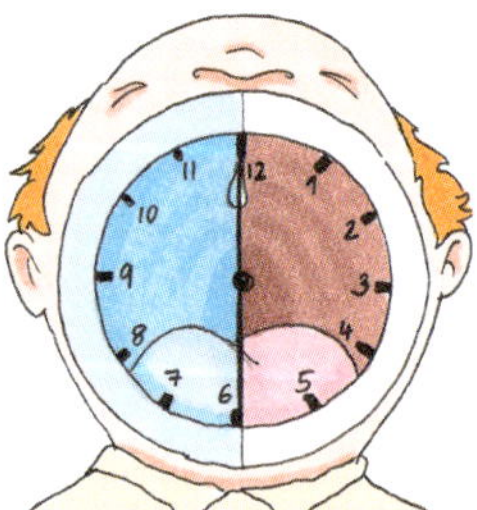

morning

noon

afternoon

evening

night

midnight

Good morning!	Guten Morgen!
Good afternoon!	Guten Tag!
Good evening, Mr. Miller.	Guten Abend, Herr Miller.
What do you do in the morning?	Was machst du am Morgen?
I go to school at eight o'clock.	Ich gehe um acht Uhr zur Schule.
See you this afternoon!	Bis heute Nachmittag!
Sorry, I'm late!	Tut mir leid, ich bin spät dran!
Good night, sleep tight!	Gute Nacht, schlaf gut!

S. 42 Fragesätze

S. 43 Kurzformen

Here we go round the mulberry bush
Here we go round the mulberry bush,
The mulberry bush, the mulberry bush.
Here we go round the mulberry bush –
So early in the morning.

1. This is the way we get out of bed …
2. This is the way we wash our face …
3. This is the way we brush our teeth …
4. This is the way we comb our hair …
5. This is the way we eat our toast …
6. This is the way we go to school …

Special days

Father Christmas

Happy Easter!	Frohe Ostern!
The Easter bunny hides the Easter eggs.	Der Osterhase versteckt die Ostereier.
Let's go on an egg hunt!	Lasst uns Ostereier suchen!
Merry Christmas!	Frohe Weihnachten!
We wish you a Merry Christmas!	Wir wünschen dir frohe Weihnachten!
What's your Christmas like?	Wie ist Weihnachten bei dir?
Look at the presents!	Schaut euch die Geschenke an!
Father Christmas brings the presents.	Der Weihnachtsmann bringt die Geschenke.

S. 32 Groß-schreibung

S. 38 3. Person Einzahl

Der Weihnachtsmann, in Großbritannien Father Christmas und in den USA Santa Claus genannt, fliegt in der Nacht vom 24. auf den 25. Dezember mit seinem Rentierschlitten von Haus zu Haus. Er klettert durch die Schornsteine, um die vor den Kaminen hängenden Strümpfe zu füllen oder um seine Gaben unter die Weihnachtsbäume zu legen.

bat
black
hat
spider
broom
black cat
pumpkin
ghost
cauldron
witch

Happy Halloween!	Fröhliches Halloween-Fest!
Trick or treat!	Süßes, sonst gibt es Saures!
I'm a witch.	Ich bin eine Hexe.
Anne is wearing a witch's costume.	Anne trägt ein Hexenkostüm.
What are you wearing?	Was trägst du?
I'm wearing a mask.	Ich trage eine Maske.
Who's afraid of witches?	Wer hat Angst vor Hexen?
I'm not afraid of witches.	Ich habe keine Angst vor Hexen.

S. 43 Kurzformen

S. 43 Verneinung

Der Name Halloween ist eine Abkürzung für All Hallows' Eve (gemeint ist der Abend vor dem 1. November, für Christen „Allerheiligen"). In früher Zeit war der 31. Oktober ein wichtiger Tag für die Kelten, an dem man die Zukunft voraussagte. Dabei verkleidete man sich als Hexe, Geist, Vampir oder Ähnliches.

Heute verkleiden sich besonders Kinder gern an Halloween, ziehen von Tür zu Tür und fordern Süßigkeiten.

Weather

cold

warm

hot

What's the weather like?	Wie ist das Wetter?
It's sunny.	Es ist sonnig.
It's very hot.	Es ist sehr heiß.
The sun is shining.	Die Sonne scheint.
It's cloudy.	Es ist bewölkt.
There are a lot of clouds in the sky.	Es gibt viele Wolken am Himmel.
It's raining.	Es regnet.
The wind is blowing.	Der Wind weht.
Do you like snow?	Magst du Schnee?
Yes, I do. / No, I don't.	Ja. / Nein.
It's very cold.	Es ist sehr kalt.

S. 44
Fragen beantworten

Rain on the rooftops

Rain on the rooftops,
Rain on the trees.
Rain on the green grass,
But not on me!

Weather

shower

storm

lightning

umbrella

temperature

thunder

rainbow

weather forecast

raincoat

snowflakes

It's stormy today.	Es ist heute stürmisch.
I'm afraid of thunderstorms.	Ich habe Angst vor Gewittern.
Look at the rainbow!	Schau dir den Regenbogen an!
I need an umbrella.	Ich brauche einen Regenschirm.
I need my raincoat.	Ich brauche meinen Regenmantel.
The temperature is rising.	Die Temperatur steigt.
The temperature is falling.	Die Temperatur fällt.
This is the weather forecast for tomorrow.	Dies ist die Wettervorhersage für morgen.

S. 41 Aufforderungssätze

S. 40 Aussagesätze

The weather song

What's the weather?
What's the weather?
What's the weather, everyone?
Is it windy?
Is it cloudy?
Is there rain
Or is there sun?

In town/vehicles

There is a supermarket.	Da ist ein Supermarkt.
The bank is on the left.	Die Bank ist auf der linken Seite.
The station is on the right.	Der Bahnhof ist auf der rechten Seite.
I go to school by bus.	Ich fahre mit dem Bus zur Schule.
Let's go to the market!	Lasst uns zum Markt gehen!
Let's take the train!	Lasst uns den Zug nehmen!
Lilly is crossing the street.	Lilly überquert die Straße.

S. 41 Auf-forderungssätze

S. 40 Aussagesätze

The wheels on the bus
The wheels on the bus go round and round,
Round and round, round and round.
The wheels on the bus go round and round,
All through the town.

In town/vehicles

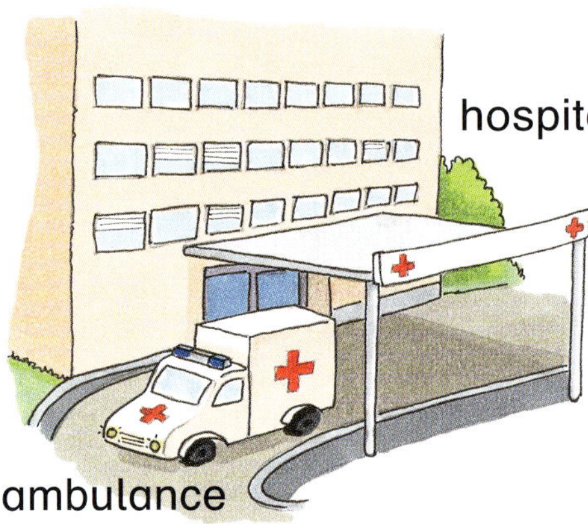

hospital

ambulance

library

police car

museum

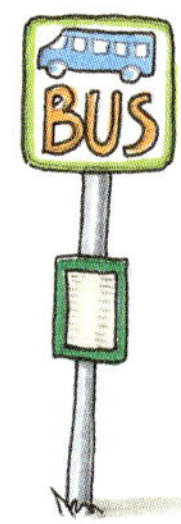

bus stop

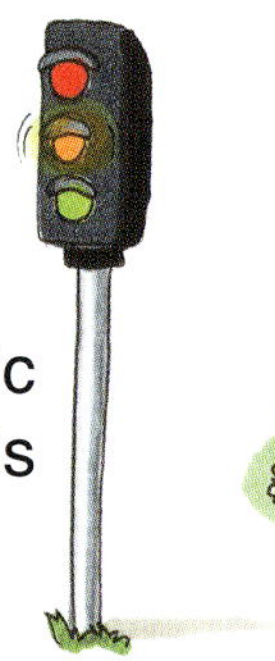

traffic lights

playground

post office

taxi

cinema

fire engine

Where is the bus stop?	Wo ist die Bushaltestelle?
It's over there!	Dort drüben!
Go straight on!	Geh geradeaus!
Turn left!	Biege links ab!
Turn right!	Biege rechts ab!
Let's go to the cinema!	Lasst uns ins Kino gehen!
The traffic lights are red.	Die Ampel zeigt Rot.
The traffic lights are green.	Die Ampel zeigt Grün.
Can you tell me the way to the post office, please?	Können Sie mir bitte den Weg zur Post sagen?
Yes, of course.	Ja, natürlich.

S. 41 Aufforderungssätze

Stop, look and listen!

Stop, look and listen,
Before you cross the street.
Use your eyes, use your ears
And then use your feet!

Traffic lights

Red on top, green below,
Red says stop, green says go.
Yellow says wait,
Even if you're late.

Nature

tree
mountain
forest
lake
river
field
meadow
stone
flower
bush
grass

Do you like flowers?	Magst du Blumen?
Yes, I do. / No, I don't.	Ja. / Nein.
What can you see in the forest?	Was kannst du im Wald sehen?
I can see trees.	Ich kann Bäume sehen.
The grass is green.	Das Gras ist grün.
Look at the river!	Sieh dir den Fluss an!
The river is wide.	Der Fluss ist breit.
The mountain is high.	Der Berg ist hoch.
There are flowers in the meadow.	Es gibt Blumen auf der Wiese.

S. 42
Fragesätze

Spiel-tipp

Kimspiel 2

Die Kinder schreiben acht oder mehr Wortkarten zum Thema Natur (tree, river, stone, flower, mountain etc.), auf jede Karte oder jedes Blatt ein Wort. Die Karten liegen offen auf dem Tisch und die Kinder prägen sie sich eine Minute lang ein. Dann werden die Karten mit der Schrift nach unten gelegt und gemischt. Nachdem eine Karte entfernt wurde, werden die Karten wieder aufgedeckt. Welches Wort fehlt?

frog

bee

butterfly

snail

hedgehog

ladybird

fly

owl

spider

squirrel

worm

leaf

leaves

The ladybird is in the grass.	Der Marienkäfer ist im Gras.
Spiders have got eight legs.	Spinnen haben acht Beine.
Where do squirrels live?	Wo leben Eichhörnchen?
Squirrels live in the forest.	Eichhörnchen leben im Wald.
I can hear an owl.	Ich kann eine Eule hören.
The leaves fall from the trees.	Die Blätter fallen von den Bäumen.
Can you see the frog?	Kannst du den Frosch sehen?
I hate flies.	Ich hasse Fliegen.
I love butterflies.	Ich liebe Schmetterlinge.

S. 39 Verhältniswörter

S. 40 Aussagesätze

Ladybirds

Ladybirds all dressed in red,
Strolling through the flowerbed.
If I were tiny, just like you,
I'd creep among the flowers, too!

Summer holidays

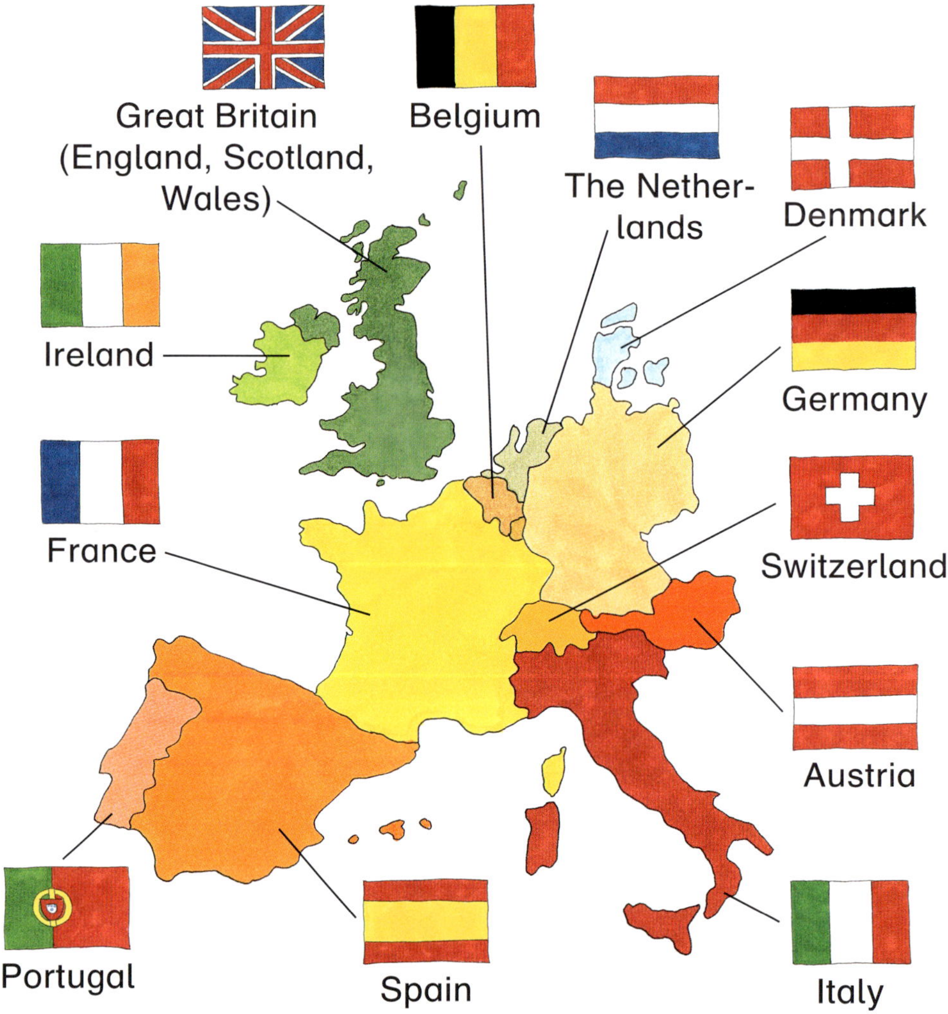

luggage

suitcase

bag

ticket

airport

Where are you going on holiday?	Wo macht ihr Urlaub?
We are going to Spain on holiday.	Wir machen Urlaub in Spanien.
We are going by plane.	Wir fliegen mit dem Flugzeug.
Take care of your luggage, please!	Passen Sie bitte auf Ihr Gepäck auf!
The suitcase is very heavy.	Der Koffer ist sehr schwer.
Where is my bag?	Wo ist meine Tasche?
Don't forget the tickets!	Vergiss die Tickets nicht!

S. 32 Groß-schreibung

S. 42 Fragesätze

Spiel-tipp

In my suitcase

Der erste Mitspieler sagt, was in seinem Koffer ist:
In my suitcase there is a blouse.
Der zweite Mitspieler wiederholt den Satz und fügt ein neues Wort an:
In my suitcase there is a blouse and a book.
Der nächste Mitspieler wiederholt alles und fügt wieder ein neues Wort an:
In my suitcase there is a blouse, a book and a cap.
Wer einen Fehler macht oder die Reihenfolge nicht mehr weiß, scheidet aus. Wer übrig bleibt, ist der Gewinner.

Summer holidays

tent

camping

sunshade

bucket

deckchair

sunglasses

suncream

swimming pool

shell

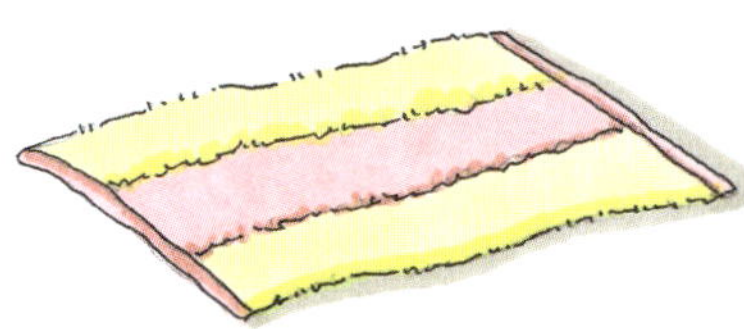

towel

swimsuit

beach

I like camping.	Ich mag Camping.
What do you do at the beach?	Was machst du am Strand?
I lie in a deckchair.	Ich liege im Liegestuhl.
Can we have a sunshade, please?	Können wir bitte einen Sonnenschirm haben?
I like collecting shells.	Ich sammle gern Muscheln.
There are a lot of shells in my bucket.	Da sind viele Muscheln in meinem Eimer.
Where are my sunglasses?	Wo ist meine Sonnenbrille?
They are on your beach towel.	Sie ist auf deinem Strand-Handtuch.

S. 35 Verhältniswörter

S. 42 Fragesätze

Let's go to the beach!

Let's go to the beach
To swim and play and run.
Building castles in the sand
Is ever so much fun.

In vielen englischsprachigen Ländern sagt man für Ferien holidays, in den USA sagt man aber vacation. Holidays heißen in den USA auch die Feiertage.

Ziele des Englischunterrichts

Einstellungen und Haltungen erwerben

Fremdsprachen gehören heute zur allgemeinen Grundbildung. Sie sind eine wichtige **Voraussetzung für Kommunikation und Mobilität** in einem zusammenwachsenden Europa. Fremde Sprachen **weiten den Blick** über das bekannte Umfeld hinaus. Sie vermitteln Einsichten in das Leben und die Werte anderer Völker und können zudem berufliche Chancen eröffnen.

In der Begegnung mit Englisch als erster Fremdsprache werden das Interesse und die natürliche Neugier der Kinder für das Andersartige geweckt. Die Schülerinnen und Schüler haben Freude am Umgang mit einer neuen Sprache und verlieren dadurch Ängste gegenüber dem Fremden und Unbekannten. Sie werden zu Toleranz und Weltoffenheit geführt und **erweitern ihre kulturelle Kompetenz.**

Das Lernen von fremden Sprachen im frühen Kindesalter fördert aber auch das Nachdenken über die Muttersprache (Sprachbewusstheit) und hilft bei der Erschließung und Deutung der eigenen Lebenswelt. Die **Persönlichkeitsentwicklung und die soziale Kompetenz** der Kinder werden gefördert. Nicht zuletzt werden bereits beim Erlernen der ersten Fremdsprache in der Grundschule **Lernhaltungen und Methoden** vermittelt und gelernt, die das ganze Leben hindurch für das Lernen von Fremdsprachen von großer Bedeutung sind.

Fähigkeiten und Fertigkeiten im Fremdsprachenerwerb

Der Englischunterricht führt bei den Schülerinnen und Schülern zu einer Entwicklung der sprachlichen Kompetenz in Situationen, die für Kinder wichtig sind. Alle Themen, die im Unterricht behandelt werden, orientieren sich an der **Lebenswirklichkeit der Kinder.**

Hörverstehen entwickeln

Dem **Zuhören** und **Hörverstehen** kommt im frühen Englischunterricht eine zentrale Bedeutung zu. Schon der Erwerb der Muttersprache beginnt mit hörendem Verstehen. Das ist in einer Fremdsprache nicht anders. Es ist daher außerordentlich wichtig, Kindern zu Beginn des Fremdsprachenunterrichts die richtige Einstellung zum Hörverstehen zu vermitteln und Hörstrategien einzuüben.

Kinder müssen auf Hörtexte vorbereitet werden. Um zu verstehen, müssen die Kinder auf die Mimik und Gestik der Lehrkraft achten, die das Gesagte unterstützen. Auch Bilder, Bildkarten oder Gegenstände veranschaulichen das gesprochene Wort. Zudem ist das **Prinzip der Wiederholung und Reihung** zentral, denn es hilft den Kindern beim Wiedererkennen von Redewendungen und Sprachmustern.

Da die Kinder zu Beginn des Englischunterrichts ihr Hörverstehen noch nicht in der Fremdsprache mitteilen, signalisieren sie auf andere Weise, dass sie verstanden haben, worum es geht, zum Beispiel:

– mithilfe von Bildkarten, die in die richtige Reihenfolge gebracht werden,

– durch Bewegungen (klatschen, stampfen …),
– durch das Ausführen von Anweisungen (Go to the door, please.).

Sprechen

In der neuen Fremdsprache hört Ihr Kind viele Laute, die es in der deutschen Sprache nicht gibt. Erwarten Sie daher nicht, dass es sich schon nach wenigen Stunden Englischunterricht in der fremden Sprache äußert.

Der Gebrauch der englischen Sprache baut sich bei den Kindern ganz unterschiedlich auf. Einige Kinder sind von den neuen Lauten fasziniert und wagen sich schnell an das Sprechen heran, andere brauchen bis zu sechs Monate, bis sie die ersten Worte äußern. Dabei sind diese Kinder sprachlich nicht passiv. In der sogenannten silent period probieren sie für andere unhörbar die neuen Laute, Wörter und Sprachmuster, bis diese ihnen so vertraut sind, dass sie sie auch laut produzieren.

Die Schülerinnen und Schüler werden nach und nach in die Lage versetzt, sich in für sie bedeutsamen Alltagssituationen in der englischen Sprache zu äußern. Zu Beginn ist der Englischunterricht durch Einwortsätze geprägt, die aber im Laufe der Zeit erweitert werden. Es empfiehlt sich, den Wortschatz nicht im Sinne von Einzelwörtern („Vokabellernen") zu üben, sondern

Sprechsituationen anzubieten, in denen das Kind sich in der Fremdsprache äußern kann.

Rituale während der Englischstunden geben den Kindern die Gelegenheit, bekannte **Sprachmuster** regelmäßig zu wiederholen. Auch das Nachsprechen im Chor ist in diesem Zusammenhang sinnvoll. Das Gesprächsverhalten der Kinder wird geschult und bestimmte Sprachmuster und damit auch Lernstrategien werden eingeübt.

Darüber hinaus wird die **Aussprache bewusst trainiert.** Die Lehrerin oder der Lehrer „souffliert" zu Beginn des 3. Schuljahres häufig die Antworten oder die Kinder lesen die Antworten von den Lippen ab. Dazu kommen verschiedene Übungsformen wie Nachsprechen im Chor, Kreisübungen mit Frage-und-Antwort-Ketten, Wortspiele etc. Erst wenn die Bedeutung des Wortes und seine Aussprache gesichert sind, wird das Schriftbild eingeführt.

Lesen

Dem Lesen und Schreiben kommt in der Grundschule im Fach Englisch eine **nachrangige Bedeutung** zu, nicht zuletzt wegen der Diskrepanz zwischen Klang und Schriftbild.

Nach und nach lernen die Kinder, das im Gedächtnis verankerte Lautbild mit dem Schriftbild des neuen Worts zu verbinden. Sie erkennen die gelernten Wörter wieder, selbst noch nach längerer Zeit und in anderen Situationen. Viele Kinder sind visuell veranlagte Lerntypen und nutzen das Schriftbild als Gedächtnisstütze; es erleichtert ihnen das Verstehen und Lernen der Wörter.

Bewährt hat sich die Methode des **„Blitzlesens“**, wobei den Kindern das Schriftbild eines eingeführten und lautlich gesicherten Begriffs in Form einer Wortkarte nur ganz kurz gezeigt wird. Die Schülerinnen und Schüler erfassen das Wort ganzheitlich (statt lautlich zu synthetisieren) und verbinden es mit dem bereits gelernten Begriff.

Zu Beginn des Englischunterrichts werden hauptsächlich bekannte kurze Wörter gelesen, bei denen sich Klang und Schriftbild kaum unterscheiden (dog, pencil, red, ten …). Im Laufe der folgenden Monate werden häufig gebrauchte Begriffe und Redewendungen in einer sogenannten English corner an der Wand des Klassenzimmers aufgehängt und stehen den Kindern ständig zur Verfügung.

Schreiben

Kinder lernen eine Fremdsprache individuell. Für viele Schülerinnen und Schüler ist das geschriebene Wort für die eigenen sprachlichen Äußerungen sehr wichtig, um Sicherheit in der Fremdsprache zu gewinnen. Die geschriebene Sprache und das Schreiben bieten den Lernenden eine **visuelle Unterstützung** bei der Wiederholung und Festigung des englischen Wortschatzes und der Redemittel. Geschriebene Sprache ist in diesem Zusammenhang lediglich eine **Erinnerungs- und Aussprachehilfe.**

Darüber hinaus wollen Kinder Wörter und Sätze schreiben, die für sie selber von Bedeutung sind, beispielsweise einen kurzen Steckbrief über die eigene Person, eine Geburtstagskarte oder die Beschreibung eines Haustieres. Es muss jedoch nochmals betont werden, dass mit dem Schreiben erst nach intensiver Übung und Festigung des Klangbilds von Wörtern und Sätzen begonnen werden sollte.

Mit „Schreiben“ ist im Englischunterricht in erster Linie das **Abschreiben** gemeint. Es stehen immer Vorlagen zur Verfügung, auf die Kinder zurückgreifen können. In allen Lehrwerken findet man Anleitungen zum sinnvollen Schreiben.

Viele Schülerinnen und Schüler suchen neue Herausforderungen, die vom Schreiben ausgehen, und wagen sich neben den Abschreibübungen auch bereits an kleine eigene Texte heran. So können die Kinder z. B. einen Text über ein Tier umarbeiten, einen Reim nach Vorlage neu erfinden, Sprechblasen ausfüllen etc.

Die Lernenden gewöhnen sich relativ schnell an den Umstand, dass in der englischen Sprache Klang- und Schriftbild nicht übereinstimmen. Dennoch entdecken die Kinder Regelmäßigkeiten in der Schriftsprache und reflektieren zudem Unterschiede zur eigenen Muttersprache (z. B. die Groß- und Kleinschreibung von Nomen im Deutschen oder die Pluralbildung).

Kenntnisse erwerben

Interkulturelles Lernen

Im handelnden Umgang mit der fremden Sprache erhalten die Kinder Zugang zur Kultur englischsprachiger Länder und erwerben **landeskundliche Kenntnisse.**

Viele Bräuche und Sitten in englischsprachigen Ländern sind anders als bei uns in Deutschland und fordern die Kinder zu Vergleichen heraus. Eine bewusste, differenzierte Wahrnehmung und die **Toleranz bzw. Wertschätzung gegenüber Unbekanntem** werden angebahnt.

Kenntnisse über Sprache und Sprachenlernen

Schon früh werden Kinder mit englischen Ausdrücken wie z. B. mountain bike, computer, T-shirt, jeans, cornflakes, toast etc. konfrontiert. Diese Wörter existieren für die Kinder zunächst meist nur in der gesprochenen Sprache und werden von ihnen daher oft für deutsche Wörter gehalten. Erst in der Begegnung mit der englischen Sprache wird den Kindern bewusst, dass es sich um englische Wörter handelt. In der Werbung und in den Printmedien hören die Kinder fremdsprachliche Laute und Wörter und sprechen sie unbefangen nach. Auf ungewöhnliche Wortbilder reagieren Kinder meist ebenso mit Interesse. Hier wird bereits der Grundstein für das spätere Fremdsprachenlernen gelegt.

Die Schülerinnen und Schüler stellen zwangsläufig **Vergleiche mit ihrer Muttersprache** an und erkennen Gesetzmäßigkeiten in beiden Sprachen. Dies hat auch positive Auswirkungen auf die Verbesserung der muttersprachlichen Kompetenz.

Lern- und Arbeitstechniken für das Sprachenlernen

Im Englischunterricht der Grundschule erfahren die Kinder Lern- und Arbeitstechniken für das Sprachenlernen und wenden sie an (s. auch S. 16–31).

Ein fester Arbeitsplatz, regelmäßige Arbeitszeiten und ein strukturierter Alltag sind gute Voraussetzungen, um konzentriert arbeiten zu können. Dabei sollte Ihr Kind zunehmend lernen, **Verantwortung für den eigenen Lernprozess zu übernehmen.** Das Lernen selbstständig organisieren zu können, stellt die Grundlage für lebenslanges Lernen dar und ist eine der wichtigsten Schlüsselqualifikationen, über die Heranwachsende heute verfügen sollten.

Zentral ist die Fähigkeit, eigene **Leistungen selbst einschätzen** zu können und zu erkennen, wo individuelle Stärken und Schwächen liegen. Im Englischunterricht der Grundschule sind z. B. Beobachtungsbögen zum Hörverstehen, Sprechen, Lesen und Schreiben eine wichtige Hilfe zur Einschätzung des eigenen Leistungsstandes. Diese Bögen helfen Ihrem Kind dabei, seinen Lernfortschritt zu dokumentieren und zu einer realistischen Selbsteinschätzung zu gelangen. Die CD-ROM zu diesem Buch bietet entsprechende Bögen zur Selbsteinschätzung, die ausgedruckt und ausgefüllt werden können.

Prinzipien des Englischunterrichts

Der Englischunterricht gestaltet sich nach bestimmten grundschulgemäßen bzw. fachorientierten Prinzipien.

Prinzip der Themenorientierung

Die durch die Lehrpläne vorgegebenen Erfahrungsfelder und Themenbereiche des Englischunterrichts entsprechen den Interessen der Kinder und werden in **motivierenden Situationszusammenhängen** dargeboten.

Die Themenbereiche werden im 3. Schuljahr besprochen und im 4. Schuljahr noch einmal in neuen Situationen wiederholt. Dadurch können Wortschatz und Sprachstrukturen gefestigt werden.

Prinzip der Handlungsorientierung

Die englische Sprache wird **handelnd** von den Kindern erfahren und in **Kommunikationssituationen** verwendet. Die Motivation wird durch die **Einbeziehung vieler Sinne** gefördert.

Die Schülerinnen und Schüler **lernen spielerisch** englische Lieder und Reime und begleiten diese mit passenden Bewegungen (Clap your hands! Stamp your feet!). Lernspiele, kleine Geschichten und szenisches Spiel regen die Fantasie an und fördern den kreativen Umgang mit der Fremdsprache.

Prinzip des entdeckenden und experimentierenden Umgangs mit Sprache

Der Erwerb einer Fremdsprache läuft ähnlich ab wie der Erwerb der Muttersprache. Kinder eignen sich Wörter durch Imitieren an, wandeln sprachliche Muster ab, vergleichen die fremde Sprache mit der Muttersprache und entwickeln so eine Sensibilität und Bewusstheit im Umgang mit der Fremdsprache. Sie experimentieren mit der Sprache und entdecken, dass sich der gelernte Wortschatz und die bekannten Redewendungen auf andere Situationen übertragen lassen.

Prinzip der Authentizität

Der **Einsatz authentischer Materialien** im Englischunterricht ist für den Spracherwerb von großer Bedeutung. Authentisch sind z. B. Bild- und Postkarten, Reiseführer zu englischsprachigen Ländern sowie Kinderlieder-CDs mit Originalaufnahmen. Jedes Lehrwerk bietet ein Medienpaket mit CDs und Videos sowie englischen Lernprogrammen für den Computer.

Ausgesuchte englische Kinderbücher enthalten einfache authentische Texte, die aufgrund der reichhaltigen Bebilderung auch für Kinder mit geringen Englischkenntnissen gut verständlich sind.

Viele Grundschulen pflegen eine Schulpartnerschaft mit Schulen in englischsprachigen Ländern, wobei der Kontakt über Briefe, E-Mails und sogar gegenseitige Besuche aufrechterhalten wird. Dadurch ergibt sich für die Kinder eine unmittelbare Motivation, sich in der Fremdsprache möglichst gut ausdrücken zu können.

Hinweise für Eltern

Was ist Englischunterricht in der Grundschule nicht?

Im Gegensatz zum Englischunterricht an den weiterführenden Schulen ist das Erlernen der englischen Sprache in der Grundschule **nicht als systematischer Lehrgang** angelegt.

Es gibt **keine Klassenarbeiten.** Vokabeltests werden nicht geschrieben, da Übersetzungen von der deutschen in die englische Sprache und umgekehrt nicht vorgesehen sind.

Das Vertiefen grammatischer Strukturen und Regeln ist nicht Gegenstand des Englischunterrichts in der Grundschule. Beim Spracherwerb entwickelt sich die Grammatik ansatzweise mit.

Wie Sie das Englischlernen Ihres Kindes unterstützen können

Auch wenn Sie selbst kaum oder gar nicht englisch sprechen, können Sie Ihr Kind beim Erwerb der Fremdsprache unterstützen.

- Zeigen Sie **Interesse** für die Fremdsprache. Machen Sie Ihr Kind in Büchern, Zeitschriften, im Supermarkt oder im Auslandsurlaub auf englische Wörter und Redewendungen aufmerksam.
- **Ermutigen Sie Ihr Kind,** die neue Sprache auszuprobieren, und loben Sie seine Leistungen, auch wenn sie fehlerhaft sind. Bei der Korrektur von Fehlern ist Zurückhaltung geboten, denn nichts entmutigt ein Kind mehr als das ständige Verweisen auf seine Fehler.

- **Lesen Sie gemeinsam** mit Ihrem Kind englische Kinderbücher und lassen Sie sich englische Wörter, die das Kind schon kennt, vorsprechen. Die Bücher sollten viel Bildmaterial und wenig Text enthalten. Auch Bücher, die Ihr Kind auf Deutsch kennt, bieten sich an.

Büchertipps

- Donaldson, Julia, und Axel Scheffler: The Gruffalo. Macmillan.
- Donaldson, Julia, und Axel Scheffler: Room on the Broom. Macmillan.
- Carle, Eric: The very hungry caterpillar. Puffin Books.
- Carle, Eric: From head to toe. Puffin Books.
- Carle, Eric: Today is Monday. Puffin Books.
- Korky, Paul, und Valerie Thomas: Winnie the Witch. Oxford University Press.

- **Spielen Sie mit Ihrem Kind** Memory- oder Dominospiele mit englischen Wörtern. Diese sind eine hervorragende Möglichkeit, den Wortschatz zu wiederholen und Kenntnisse zu vertiefen.
- Lassen Sie sich von Ihrem Kind die gelernten **Lieder und Reime vortragen.** Singen Sie die Lieder mit und lernen auch Sie die kleinen Reime.
- Viele Kinder führen im Unterricht eine **Englischmappe (Portfolio) mit Arbeitsergebnissen,** die ganz unterschiedlich aussehen können. Schauen Sie sich diese Unterlagen an; sie geben Ihnen Auskunft über den Englischunterricht, den Ihr Kind erhält, und zeigen, welche Fortschritte Ihr Kind beim Lernen macht.

Fachbegriffe

Vokal	Selbstlaut	a, e, i, o, u
Konsonant	Mitlaut	b, c, d, f …

Wortarten

Nomen	Namenwort, Substantiv	cat
Singular	Einzahl	cat
Plural	Mehrzahl	cats
bestimmter Artikel	bestimmter Begleiter	the
unbestimmter Artikel	unbestimmter Begleiter	a / an
Adjektiv	Wiewort	black
Verb	Tuwort, Tunwort	to run

Personalpronomen	persönliches Fürwort	she
Possessivpronomen	besitzanzeigendes Fürwort	her
Anredepronomen	Anredefürwort	you
Fragewort		where
Präposition	Verhältniswort	on

Sätze

Aussagesatz	Peter is in the garden.
Fragesatz	Is Peter in the garden?
Aufforderungssatz	Show me your book!

Apostroph	Auslassungs-zeichen	Kevin's ball

Register

Register

In diesem Band vorgestellte Spiele

In diesem Band vorgestellte Lieder

In diesem Band vorgestellte Reime

Quellenverzeichnis

Lieder:
S. 93: „My favourite hobby": Text von Irene Overlack; die Texte aller anderen in diesem Buch vorgestellten Lieder sind traditionell.

Reime:
S. 115: „Spring, summer, autumn, winter": leicht verändert übernommen aus: Christoph Jaffke: Rhythms, Rhymes, Games and Songs for the Lower School, Pädagogische Forschungsstelle beim Bund der Freien Waldorfschulen, Stuttgart 1992. www.waldorfbuch.de
S. 127: „Rain on the rooftops": traditionell
Alle anderen in diesem Buch vorgestellten Reime stammen von Irene Overlack.

Nachschlagen, klicken, üben – verstehen!

Ob zum gezielten Nachschlagen und Wiederholen für Klassenarbeiten, zur Unterstützung bei den Hausaufgaben oder zur Vorbereitung des Übergangs in die weiterführende Schule – wir bieten alle Unterrichtsinhalte der Grundschule in einem Band, inklusive CD-ROM mit zahlreichen Arbeitsblättern und Lösungskontrolle zum selbstständigen Üben.

Basiswissen Grundschule Deutsch

Für die 1. bis 4. Klasse

Grammatik und sicheres sprachliches Ausdrucksvermögen, Rechtschreibung, Schreiben und Bearbeiten von Texten, verstehendes Lesen und Umgang mit Texten

ISBN 978-3-411-72073-6

Basiswissen Grundschule Mathematik

Für die 1. bis 4. Klasse

Mengen und Zahlen, Grundrechenarten, Größen und Sachrechnen, Geometrie

ISBN 978-3-411-72063-7

Basiswissen Grundschule Englisch

Für die 1. bis 4. Klasse

Lern- und Arbeitstechniken, Grammatik und Redemittel, Thematischer Wortschatz

ISBN 978-3-411-73033-9

Arbeiten mit der CD-ROM – so gehts ...

Auf der **Startseite** werden alle Inhalte der CD-ROM vorgestellt.

Hier können **40 Arbeitsblätter** nach unterschiedlichen Suchkriterien aufgerufen werden.

Nach dem Klicken auf „**Lösungen**“ werden alle Lösungsblätter angezeigt.

Hier gibt es **Spiele, Noten** zu den Liedern und viele zusätzliche **Arbeitsmaterialien** zum Ausdrucken.

Der komplette **Themenwortschatz** aus dem Buch kann hier abgehört werden.

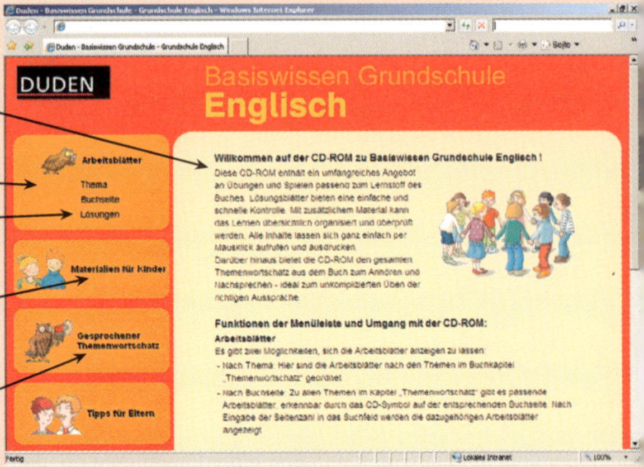

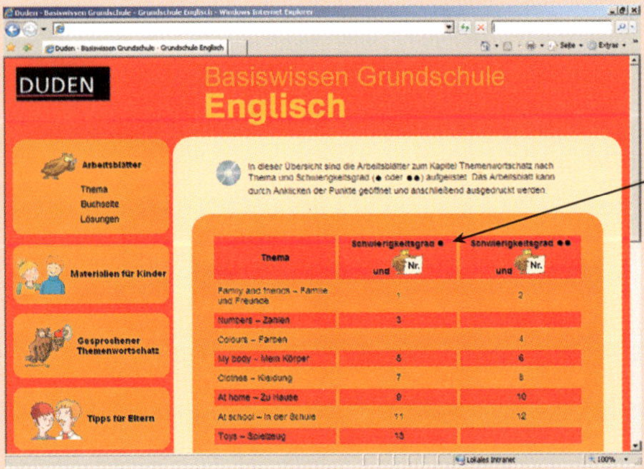

Hier können die **Arbeitsblätter** nach Thema und Schwierigkeitsgrad ausgewählt werden.

Alternativ kann man sich die Arbeitsblätter anzeigen lassen, die zu einer bestimmten **Buchseite** gehören.

Mit einem Klick öffnet sich das gewünschte Arbeitsblatt und kann ausgedruckt werden.

Nach Anklicken der Rubrik „Gesprochener Themenwortschatz“ erscheinen im Fenster alle **Themenbereiche** aus dem Buch. Nach Auswahl eines Themas werden die entsprechenden Wörter und Sätze angezeigt und können durch Anklicken abgehört werden.

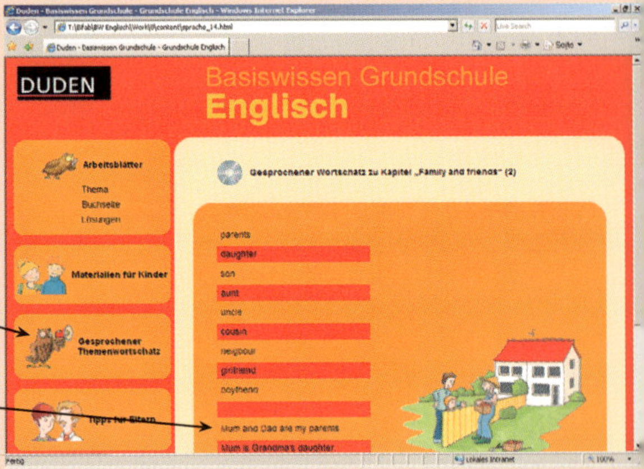